全国中等职业学校汽车类专业互联网＋数纸融合创新教材
技工院校工学一体化技能人才培养教材

汽车底盘检修

人力资源社会保障部教材办公室◎组织编写
华晨磊◎主编

中国劳动社会保障出版社

内容简介

本书的主要内容包括传统能源汽车传动系统中手动变速器、离合器及传动轴等总成的拆装和检修，行驶系统和转向系统中前后减振器、转向操纵机构等总成的拆装，制动系统中鼓式制动器、盘式制动器及驻车制动装置等的拆装。

本书由华晨磊主编，张世金、朱网兰、郑巧云、余成路、李俊杰参与编写，李凤琪主审。

图书在版编目（CIP）数据

汽车底盘检修/人力资源社会保障部教材办公室组织编写；华晨磊主编. -- 北京：中国劳动社会保障出版社，2022

全国中等职业学校汽车类专业互联网＋数纸融合创新教材　技工院校工学一体化技能人才培养教材

ISBN 978－7－5167－5589－1

Ⅰ.①汽…　Ⅱ.①人…　②华…　Ⅲ.①汽车－底盘－车辆修理－中等专业学校－教材
Ⅳ.①U472.41

中国版本图书馆 CIP 数据核字(2022)第 195882 号

中国劳动社会保障出版社出版发行

（北京市惠新东街 1 号　邮政编码：100029）

*

北京市白帆印务有限公司印刷装订　　新华书店经销

880 毫米×1230 毫米　16 开本　13 印张　281 千字

2022 年 11 月第 1 版　　2024 年 5 月第 3 次印刷

定价：38.00 元

营销中心电话：400－606－6496

出版社网址：http://www.class.com.cn

http://jg.class.com.cn

前 言
PREFACE

随着互联网技术的迅速发展和信息化教学环境的普及，以及职业教育与移动应用的深度融合，依托翻转课堂教学增加学生的学习兴趣已成为迫切需求。为全面推进技工院校工学一体化人才培养模式改革，适应技工院校教学模式改革创新，人力资源社会保障部教材办公室组织一线教师和行业、企业专家，开发了本套全国中等职业学校汽车类专业互联网+数纸融合创新教材，包括：《汽车维护与保养》《汽车发动机检修》《汽车底盘检修》《汽车电气设备检修》等。

本套教材具有以下特色：

第一，教材编写以工作情境和职业岗位活动为主体，按照“学习目标—任务描述—相关知识—任务准备—任务实施—任务评价”的思路编写，采取工作页的编写模式，设置引导问题和填空，以任务为驱动，引导学生在完成具体工作任务的过程中学习知识、掌握技能。

第二，教材采用线上线下混合式学习场景设计，打破了传统课堂教学的局限性，实现纸质教材与数字化教学资源的有机融合。各个任务均配有二维码，学生通过扫码观看任务操作视频，既可以在课前结合引导问题进行学习准备，也可以在课程中使用记录操作要点，还可以在课后复习和巩固技能。

第三，教材的任务评价采用过程评价与结果评价相结合的方式，评价对象包括准备工作、操作、技术规范和职业素养等，评价结果可检测、可衡量，便于教师操作。

第四，教材均采用彩色印刷，更加形象、生动地展示操作内容，使用左图右文的内容呈现形式，版面简洁、清晰，重点突出，为学生提供沉浸式学习体验。

本套教材的编写得到了有关省市人力资源社会保障部门、技工院校的大力支持和帮助，在此我们表示诚挚的谢意。

人力资源社会保障部教材办公室

2022 年 7 月

目 录

CONTENTS

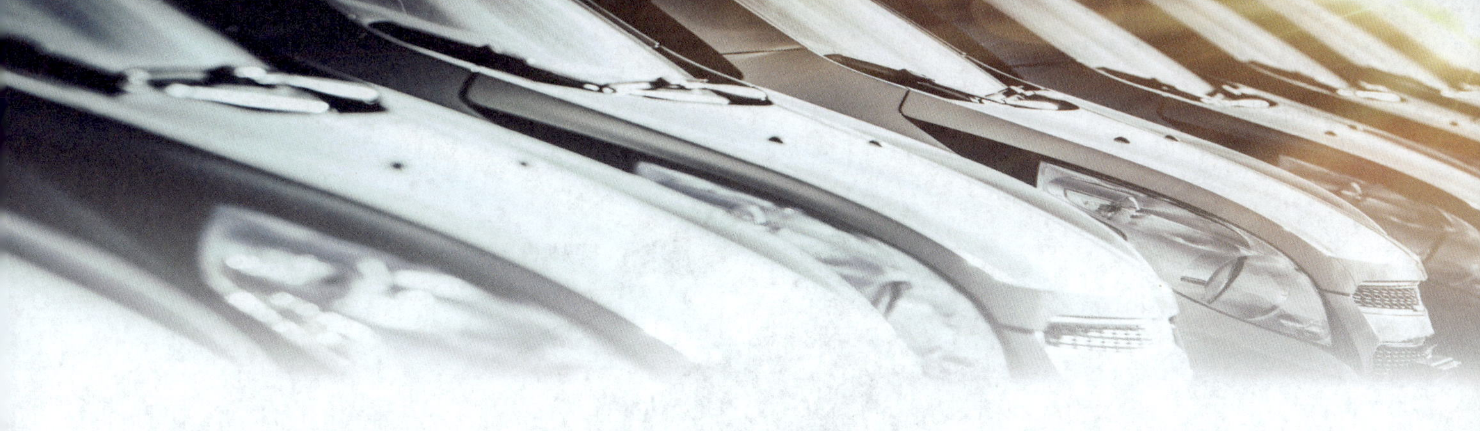

任务一 手动变速器和离合器总成的拆卸（一）

学习目标

1. 能正确写出拆卸手动变速器和离合器总成所需的设备和工具。
2. 能根据维修手册正确使用拆卸工具。
3. 能正确叙述拆卸手动变速器和离合器总成的操作步骤及注意事项。

任务描述

一辆上海大众 POLO 1.4L 轿车进店维修，客户反映汽车行驶时发出有节奏的“嘎嘎”声，车速增加时响声明显，并感觉手动变速器有振动，经维修技师诊断认为是变速器啮合齿轮有故障，需拆卸手动变速器和离合器总成。

问题：拆卸手动变速器和离合器总成的过程中，有哪些注意事项？

____

____

相关知识

手动变速器由变速传动机构和变速操纵机构组成，如下图所示。变速传动机构的主要作用是改变转矩、转速和旋转方向，操纵机构的主要作用是控制传动机构实现变速器传动比的变换。

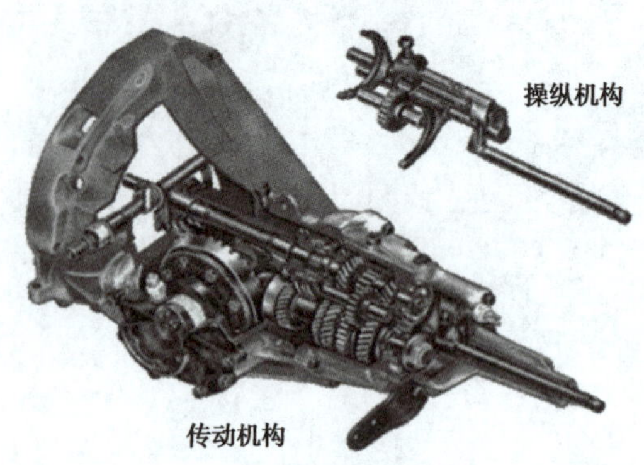

变速器的组成

任务准备

1. 工具器材

操作前需要准备以下设备、工具及辅助材料（以单工位为例）。

设备、工具及辅助材料

序号	名称	规格	数量
1	大众 POLO 轿车	1.4L	1
2	举升机	剪式	1
3	发动机平衡架	—	1
4	工具车①	JTC 三层	1
5	扎带	—	若干
6	棉纱手套	—	若干

2. 分工及操作

职务	代码	姓名	工作内容
组长	A		
组员	B		
	C		
	D		
	E		

任务实施

下面以上海大众 POLO 1.4L 车型为例，介绍手动变速器和离合器总成的拆卸方法。

① JTC 三层工具车包含：第一层 1/2 英寸系列棘轮扳手及配套接杆与套筒、3/8 英寸系列棘轮扳手及配套接杆与套筒；第二层 1/4 英寸系列棘轮扳手及配套接杆与套筒、梅花开口两用扳手（8～21 mm）、L 形内六角扳手套装、L 形短星型扳手套装；第三层 8 英寸鲤鱼钳、6 英寸斜口钳、6 英寸尖嘴钳、高压气枪、三爪机滤扳手、可弯式吸棒、LED 正负极验电笔（测试灯）、一字红柄旋具两把、十字红柄旋具两把、卡扣起子、铁锤、平型钢錾、内饰板塑料撬板。

序号	图示	步骤及技术要点
1		断开蓄电池负极电缆，打开蓄电池正极接线柱盖板，从熔断器上旋下固定螺母，松开熔断器上的固定卡子，连同连接导线一起拆下。 注意：拆卸蓄电池电缆时，应先拆_____，再拆_____；安装蓄电池电缆时，应先连接_____，再连接_____
2		旋松正极电缆上的固定螺母，拆下蓄电池正极电缆 注意：拆卸电缆时，无须拆下________，拧松__________即可
3		拆下蓄电池托架固定螺栓，取下__________，从蓄电池托架上取出________
4	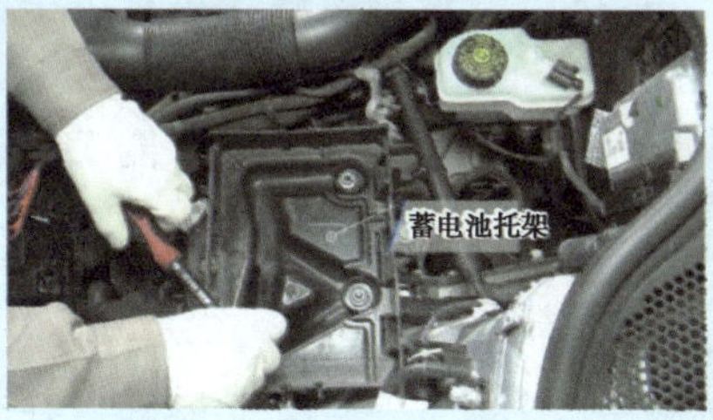	脱开蓄电池固定托架上的卡子，拆下蓄电池托架上的______和______，取下蓄电池______
5	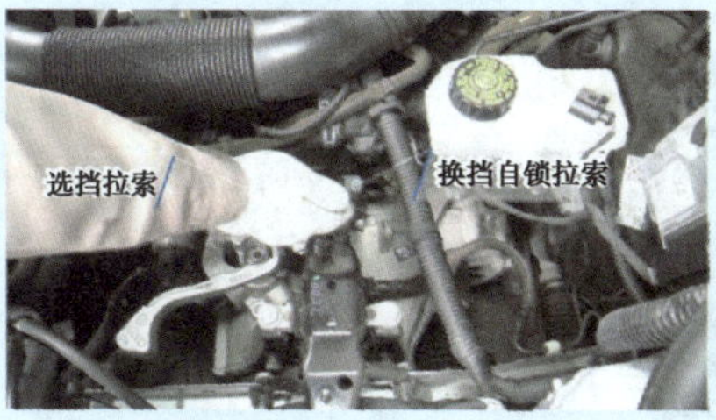	拉动换挡自锁拉索和选挡拉索上的________，_____时针旋转并固定住拉索锁止装置

续表

序号	图示	步骤及技术要点
6	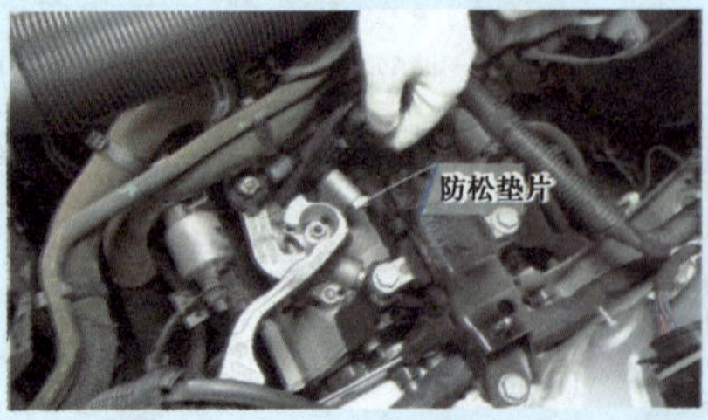	从换向杠杆上拔出__________
7		旋出换挡拉杆上的__________，拆下变速箱__________和__________
8		拆下拉索托架上的3个__________，从变速箱上拆下__________
9	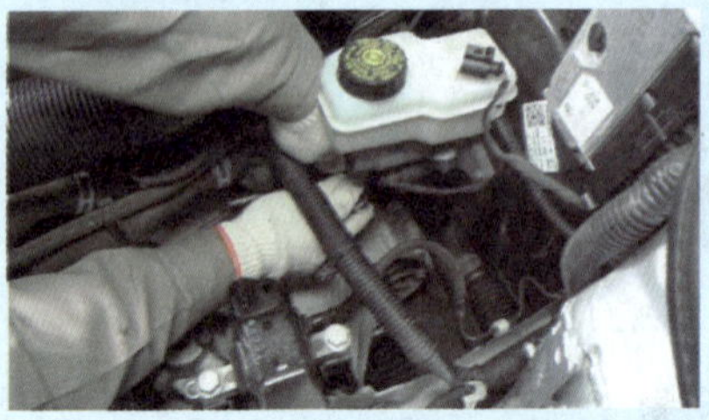	用______把换挡自锁拉索和选挡拉索绑在上方的线束软管上，避免其影响其他拆卸工作
10	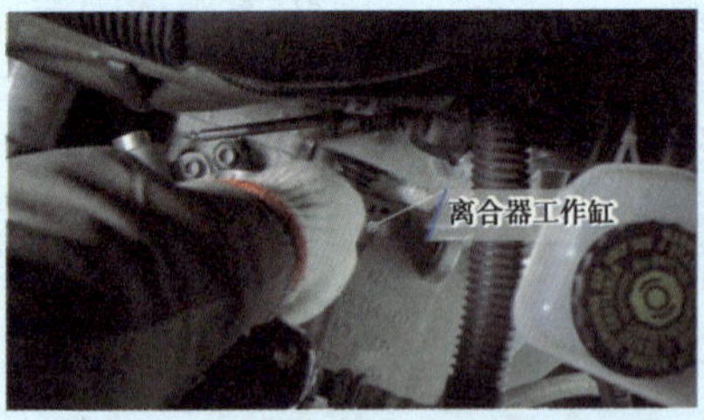	拧下离合器工作缸上的2个__________，拆下离合器工作缸，放到一侧，用______固定 注意：不要打开离合器管道系统和踩下离合器踏板
11		断开起动机连接线束，拆下起动机正极电缆________，拧下螺母，拆下起动机正极电缆

续表

序号	图示	步骤及技术要点
12		拆下 2 个起动机固定螺栓，拆下线束支架，取下________总成
13	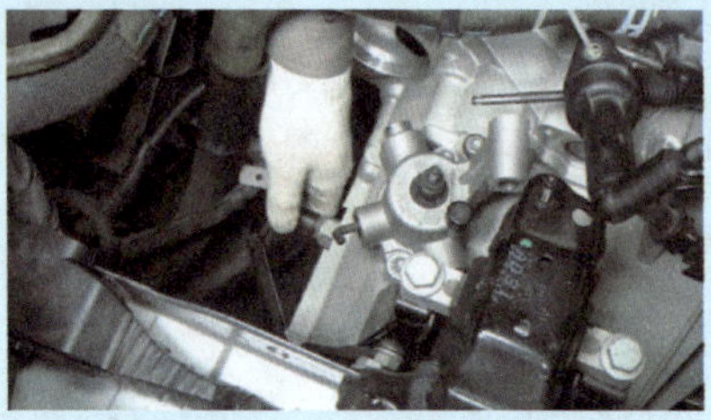	断开______传感器连接器
14		将发动机________放到发动机舱上方的车架上，用螺栓连接________和________
15	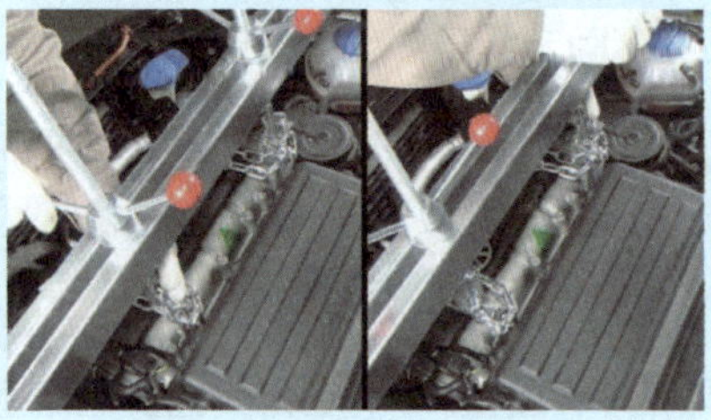	预紧发动机平衡架锁紧螺母，使发动机和变速箱机组通过________略微预张紧
16		整理工具，并按照“5S”要求恢复场地

 任务评价

项目	作业内容	评价要点	配分	评价
准备工作	场地准备	工位应干净、整洁，地面无油污	1	□
		车辆停靠在举升机合适位置	1	□
	车辆防护	铺设翼子板及前格栅布	2	□
		铺设车内四件套	2	□
	人员防护	工作服穿戴整齐	2	□
		操作时应戴棉纱手套	2	□
	工具、量具检查	检查发动机平衡架是否工作正常	3	□
		工具车内工具应齐全、整洁	2	□
操作	操作要点	能拆卸蓄电池及其托架	10	□
		能拆卸变速器换挡自锁拉索和选挡拉索	10	□
		能拆卸起动机及其附件	10	□
		能断开车速传感器连接器	8	□
		能连接发动机平衡架	6	□
		能预紧发动机平衡架锁紧螺母	6	□
	技术规范	能知道拆卸蓄电池电缆时，应先拆负极，再拆正极	3	□
		能知道安装蓄电池电缆时，应先连接正极，再连接负极	3	□
		能知道拆卸电缆时，无须拆下固定螺母，拧松即可	4	□
职业素养	安全及合作	特殊操作应佩戴安全帽、防酸碱手套或绝缘手套、护目镜等防护用品	5	□
		小组作业时应互相配合、合理分工，不可发生争执	5	□
	“5S”管理	现场无杂物，工具、量具应分类放置，不应有其他安全隐患	3	□
		废弃物应环保处理，废弃油液不可随意排放，应按要求放入指定容器	3	□
		操作环境应保持干净、整齐，及时清理灰尘、杂物等	3	□
		能按照维修手册要求操作，养成良好的作业习惯	3	□
		操作完成后应对工具进行清点、检查，并做好设备维护和保养工作	3	□
总评分				

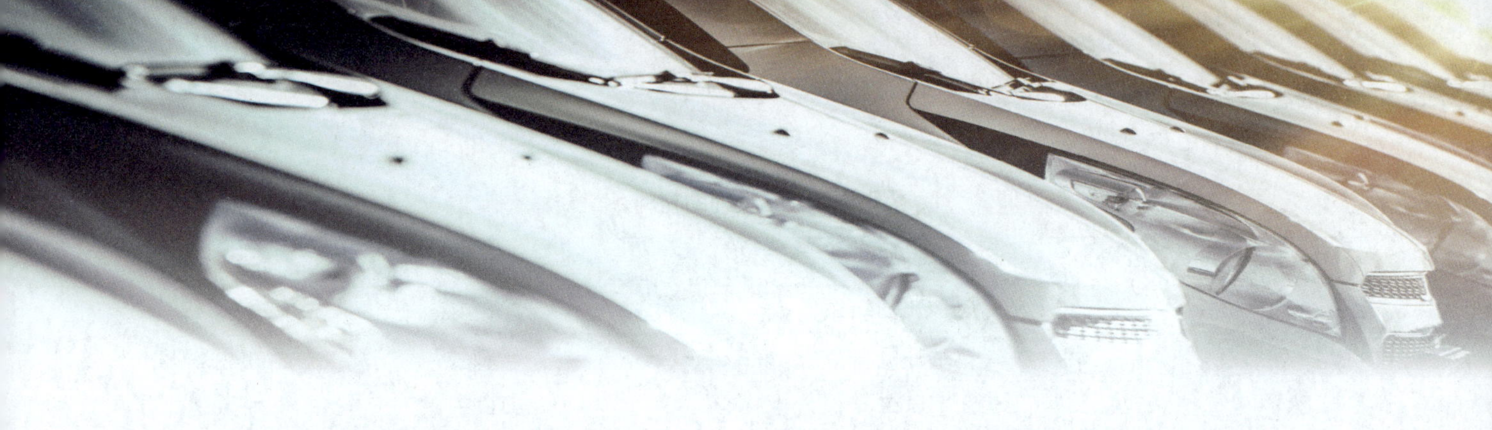

任务二

手动变速器和离合器总成的拆卸（二）

学习目标

1. 能正确写出拆卸手动变速器和离合器总成所需的设备和工具。
2. 能根据维修手册正确使用拆卸工具。
3. 能正确叙述拆卸手动变速器和离合器总成的操作步骤及注意事项。

任务描述

一辆上海大众 POLO 1.4L 轿车进店维修，客户反映汽车行驶时发出有节奏的“嘎嘎”声，车速增加时响声明显，并感觉手动变速器有振动，经维修技师诊断认为是变速器啮合齿轮有故障，需拆卸手动变速器和离合器总成。

上一任务中已将蓄电池和起动机等附件拆下，本任务的主要内容为拆卸车轮、法兰等剩余部件。

问题：拆卸车轮、法兰等剩余部件时有哪些注意事项？

____

____

任务准备

1. 工具器材

操作前需要准备以下设备、工具及辅助材料（以单工位为例）。

设备、工具及辅助材料

序号	名称	规格	数量
1	大众 POLO 轿车	1. 4L	1
2	举升机	剪式	1
3	工具车	JTC 三层	1
4	指针式扭力扳手	0 ~ 300 N · m	1
5	车辆举升垫块	橡胶	4
6	可调式扭力扳手	5 ~ 25 N · m	1
7	球头拆装专用工具	—	1
8	铁丝	—	若干
9	变速器专用举升装置	—	1
10	棉纱手套	—	若干

2. 分工及操作

职务	代码	姓名	工作内容
组长	A		
组员	B		
	C		
	D		
	E		

任务实施

下面以上海大众 POLO 1. 4L 车型为例，介绍手动变速器和离合器总成的拆卸方法。

序号	图示	步骤及技术要点
1		拆下左前轮＿＿＿＿＿＿，用指针式扭力扳手预松车轮螺栓，举升车辆，拆下车轮螺栓，取下左前轮
2		拆下发动机下护板上的＿＿个螺钉，取下下护板

续表

序号	图示	步骤及技术要点
3	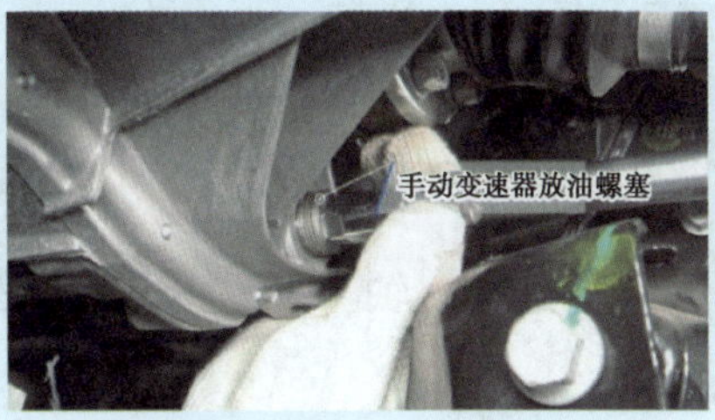 手动变速器放油螺塞	拆下手动变速器___________，放净手动变速箱内油液后，用可调式扭力扳手拧上___________，扭矩为______N·m
4	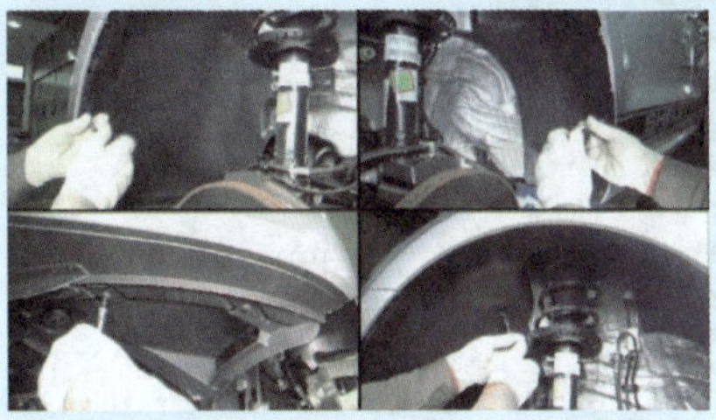	拧下左前轮挡泥板上的______个螺钉，将挡泥板拆下
5	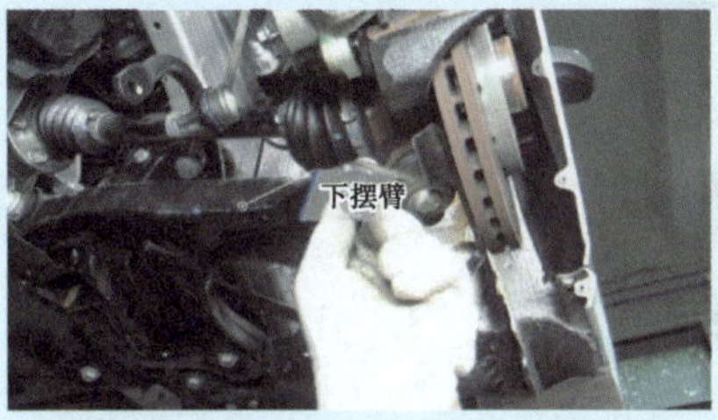 下摆臂	拧下下摆臂上的___个螺栓，拆下左前悬架下摆臂
6	 横拉杆球头	拆下横拉杆球头上的______，用_______________________拆下横拉杆球头
7	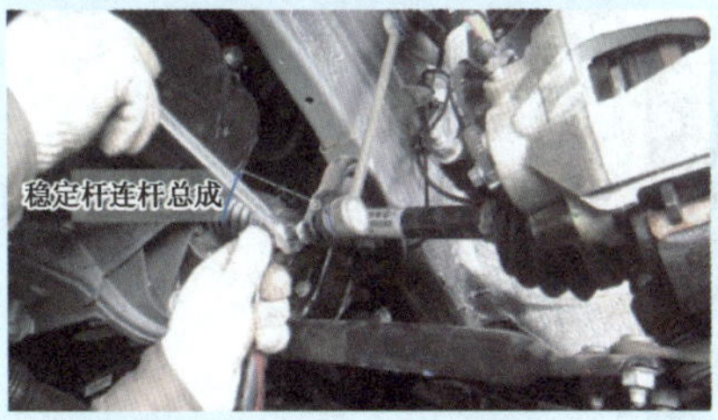 稳定杆连杆总成	拧下左前稳定杆连杆总成上的螺母，脱开左前稳定杆连杆总成
8		拧下左车桥转向节上的___个螺栓，脱开左车桥转向节

续表

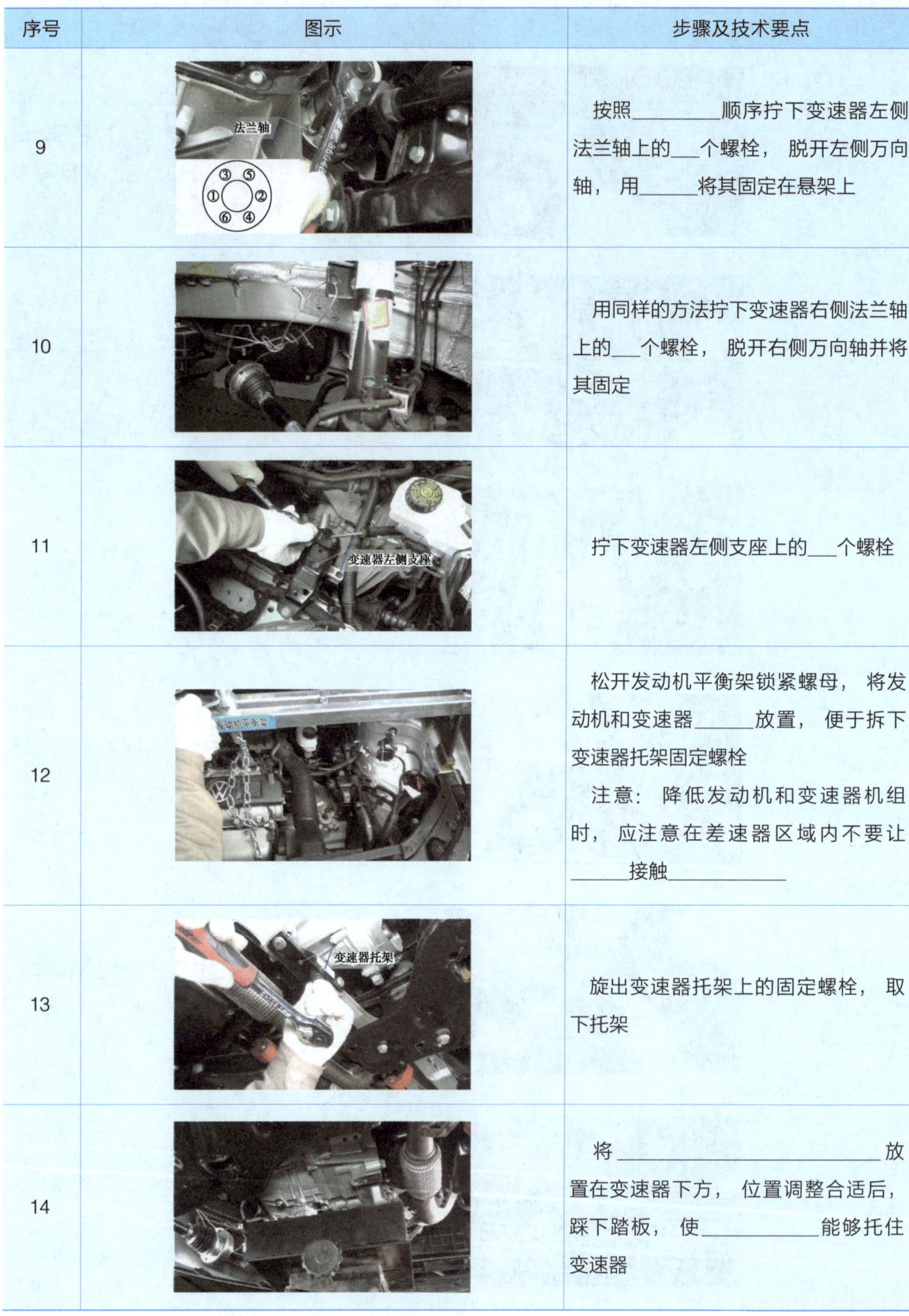

序号	图示	步骤及技术要点
9		按照________顺序拧下变速器左侧法兰轴上的___个螺栓，脱开左侧万向轴，用_____将其固定在悬架上
10		用同样的方法拧下变速器右侧法兰轴上的___个螺栓，脱开右侧万向轴并将其固定
11		拧下变速器左侧支座上的___个螺栓
12		松开发动机平衡架锁紧螺母，将发动机和变速器______放置，便于拆下变速器托架固定螺栓 注意：降低发动机和变速器机组时，应注意在差速器区域内不要让______接触____________
13		旋出变速器托架上的固定螺栓，取下托架
14		将________________________放置在变速器下方，位置调整合适后，踩下踏板，使____________能够托住变速器

续表

序号	图示	步骤及技术要点
15		拧下发动机和变速器上部和下部的连接螺栓
16		稍微降低变速器的位置，拆下变速器左支架上的2个螺栓并取下支架
17	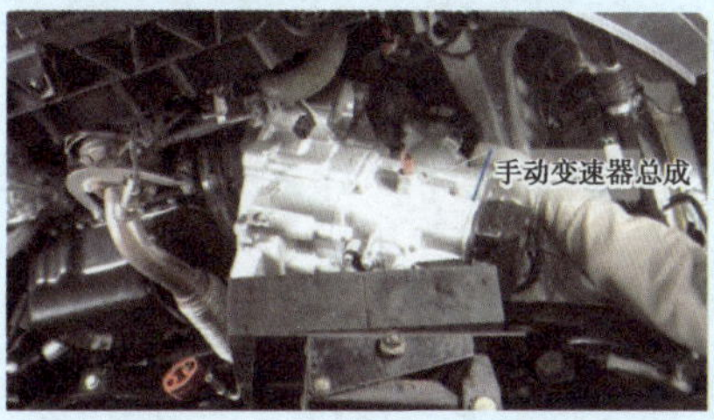	轻轻晃动变速器，使变速器与发动机分离，拆下变速器总成
18	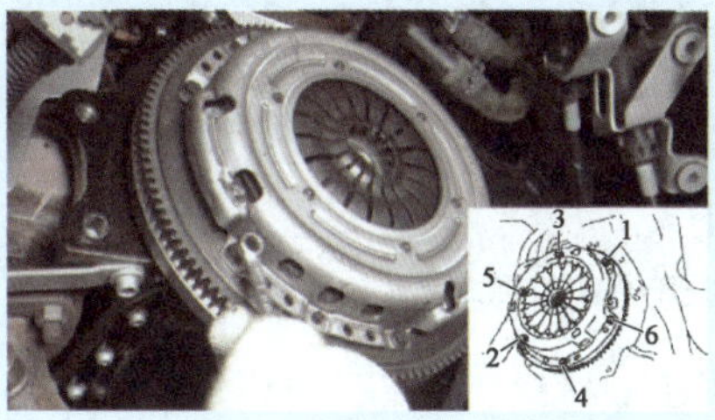	按照________顺序拧下离合器总成上的___个螺栓，拆下离合器总成 注意：（1）拆卸或安装圆柱形部件时，需要以___________方向逐次少许松动或紧固螺栓 （2）不要_____离合器盘。离合器从动盘摩擦片部分、压盘和飞轮总成表面应远离________和________
19	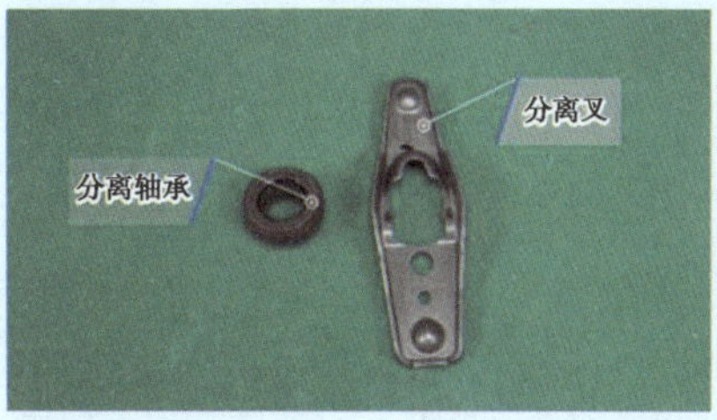	从手动变速器总成上拆下离合器________和___________

续表

序号	图示	步骤及技术要点
20		整理工具，并按照“5S”要求恢复场地

任务评价

项目	作业内容	评价要点	配分	评价
准备工作	场地准备	工位应干净、整洁，地面无油污	1	□
		车辆停靠在举升机合适位置	1	□
	车辆防护	铺设翼子板及前格栅布	2	□
		铺设车内四件套	2	□
	人员防护	工作服穿戴整齐	2	□
		操作时应戴棉纱手套	2	□
	工具、量具检查	检查变速器专用举升装置是否工作正常	3	□
		检查拆装工具套装是否齐全、整洁	2	□
操作	操作要点	能正确拆卸左前轮	5	□
		能放净手动变速器内油液	5	□
		能正确拆卸左前悬架下摆臂	5	□
		能使用球头拆装专用工具拆下横拉杆球头	8	□
		能正确脱开左、右侧万向轴	5	□
		能正确拆卸变速器总成	5	□
	技术规范	能从变速器总成上拆下离合器分离叉和分离轴承	7	□
		降低发动机和变速器机组时，能知道在差速区域内变速器与机组支架不可接触	5	□
		在拆卸或安装圆柱形部件时，能知道以对角线方向逐次少许松动或紧固螺栓	5	□
		能知道不要跌落离合器盘	5	□
		能知道离合器从动盘摩擦片、压盘和飞轮总成表面应远离油污和异物	5	□

续表

项目	作业内容	评价要点	配分	评价
职业素养	安全及合作	特殊操作应佩戴安全帽、防酸碱手套或绝缘手套、护目镜等防护用品	5	□
		小组作业时应互相配合、合理分工，不可发生争执	5	□
	“5S”管理	现场无杂物，工具、量具应分类放置，不应有其他安全隐患	3	□
		废弃物应环保处理，废弃油液不可随意排放，应按要求放入指定容器	3	□
		操作环境应保持干净、整齐，及时清理灰尘、杂物等	3	□
		能按照维修手册要求操作，养成良好的作业习惯	3	□
		操作完成后应对工具进行清点、检查，并做好设备维护和保养工作	3	□
总评分				

任务三 手动变速器换挡和选挡杆轴的拆卸

学习目标

1. 能正确写出拆卸手动变速器换挡和选挡杆轴所需的工具、设备。
2. 能根据维修手册正确使用工具拆卸手动变速器换挡和选挡杆轴。
3. 能正确叙述手动变速器换挡和选挡杆轴的拆卸步骤及注意事项。

任务描述

一辆丰田卡罗拉 1.6L 轿车进店维修，客户反映汽车换挡时顿挫感非常大，经维修技师检查后，建议对变速器换挡和选挡杆轴进行拆卸检查。本任务的主要内容是拆卸手动变速器换挡和选挡杆轴。

问题 1：通过观看视频，简述如何拆卸变速器换挡和选挡杆轴。

____

____

问题 2：拆卸手动变速器换挡和选挡杆轴时有哪些注意事项？

____

____

相关知识

现代汽车上所采用的变速器有多种结构形式，一般可以按照传动比和操纵方式进行分类。变速器按传动比的级数可分为有级式、无级式和综合式；按变速器操纵方式可分为手动变速器、自动变速器和手动自动一体变速器。

手动变速器由变速传动机构和变速操纵机构组成，根据变速传动机构不同，手动变速器分为二轴式变速器和三轴式变速器。

任务准备

1. 工具器材

操作前需要准备以下设备、工具及辅助材料（以单工位为例）。

设备、工具及辅助材料

序号	名称	规格	数量
1	手动变速器	C50	1
2	工作台	—	1
3	工具车	JTC 三层	1
4	锤子	—	1
5	活扳手	55 mm × 450 mm	1
6	铜棒	—	1
7	木块	—	若干
8	棉纱手套	—	若干

2. 分工及操作

职务	代码	姓名	工作内容
组长	A		
组员	B		
	C		
	D		
	E		

任务实施

下面以丰田卡罗拉 1.6L 车型 C50 手动变速器为例，介绍手动变速器换挡和选挡杆轴的拆卸方法。

序号	图示	步骤及技术要点
1		手动变速器前端壳体朝下，用木块将其垫住放置在工作台上
2	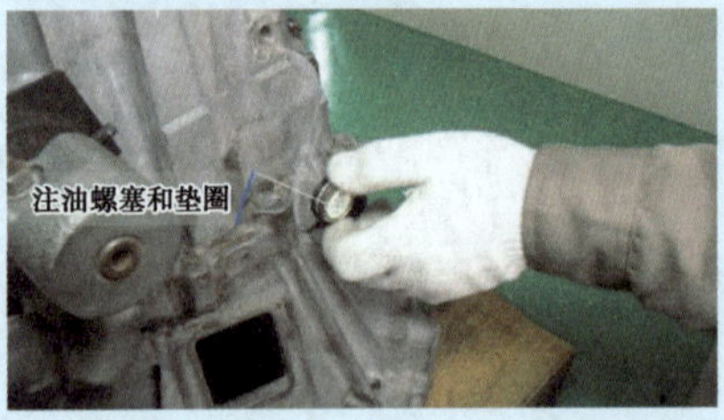	用 14 mm 套筒工具从手动变速器壳体上拆下______和______
3	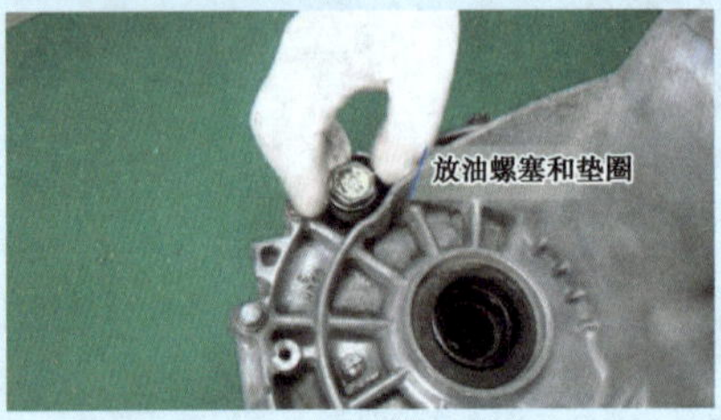	用 14 mm 套筒工具从手动变速器壳体上拆下______和______
4	 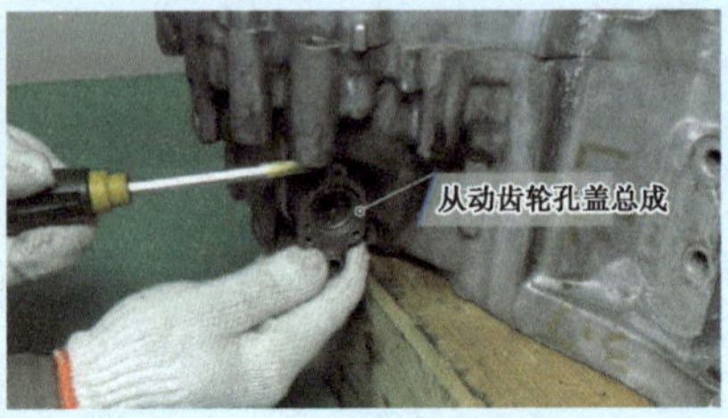	用 14 mm 套筒工具从手动变速器壳体上拆下速度表从动齿轮孔盖总成螺栓，取下速度表从动齿轮孔盖总成
5	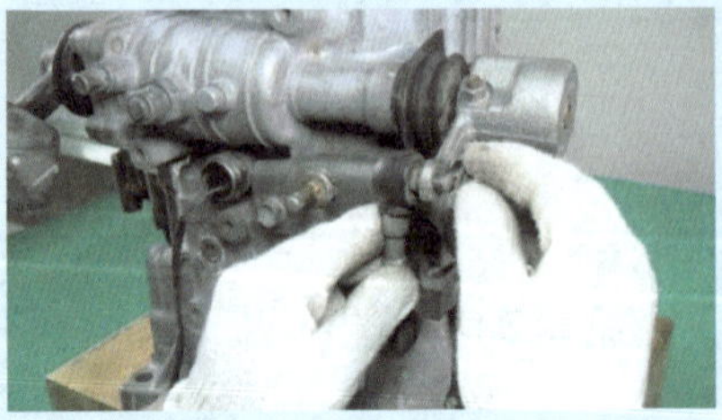 	用 14 mm 套筒工具从手动变速器壳体上拆下____________的螺母和 2 个螺栓，取下____________

续表

序号	图示	步骤及技术要点
6		用______拆下倒车灯开关总成和垫圈
7		用 14 mm 套筒工具拆下________________________的螺母和垫圈
8		用________和________拆下锁销
9		拆下地板式换挡控制杆和______
10		用 14 mm 套筒工具拆下换挡杆阻尼器的螺母和_____
11		用______和______拆下锁销

续表

序号	图示	步骤及技术要点
12		拆下__________ ________和防尘罩
13		从手动变速器壳体上拆下 1 号锁止钢球总成
14		从手动变速器壳体上拆下________ ______和垫圈
15		用 12 mm 套筒工具从手动变速器壳体上拆下______ ______的 4 个螺栓，取下_______ ______
16		从手动变速器壳体上拆下换挡和选挡杆轴总成
17		整理工具，并按照“5S”要求恢复场地

任务评价

<table>
<tr><th>项目</th><th>作业内容</th><th>评价要点</th><th>配分</th><th>评价</th></tr>
<tr><td rowspan="6">准备工作</td><td>场地准备</td><td>工位应干净、整洁，地面无油污</td><td>2</td><td>□</td></tr>
<tr><td rowspan="2">设备防护</td><td>摆放隔离栏</td><td>2</td><td>□</td></tr>
<tr><td>摆放施工作业指示牌</td><td>2</td><td>□</td></tr>
<tr><td rowspan="2">人员防护</td><td>工作服穿戴整齐</td><td>2</td><td>□</td></tr>
<tr><td>操作时应戴棉纱手套</td><td>2</td><td>□</td></tr>
<tr><td>工具、量具检查</td><td>检查拆卸工具套装是否齐全、整洁</td><td>5</td><td>□</td></tr>
<tr><td rowspan="9">操作</td><td rowspan="6">操作要点</td><td>能拆下注油螺塞、放油螺塞和垫圈</td><td>8</td><td>□</td></tr>
<tr><td>能拆下速度表从动齿轮孔盖总成</td><td>8</td><td>□</td></tr>
<tr><td>能拆下选挡直角杠杆总成</td><td>8</td><td>□</td></tr>
<tr><td>能拆下倒车灯开关总成</td><td>8</td><td>□</td></tr>
<tr><td>能拆下地板式换挡控制杆和防尘罩</td><td>6</td><td>□</td></tr>
<tr><td>能拆下换挡和选挡杆轴总成</td><td>7</td><td>□</td></tr>
<tr><td rowspan="3">技术规范</td><td>能正确选择套筒工具的型号</td><td>5</td><td>□</td></tr>
<tr><td>能知道手动变速器前端壳体朝下放置的方法</td><td>5</td><td>□</td></tr>
<tr><td>能知道变速器上连接的各传感器的拆卸方法和要求</td><td>5</td><td>□</td></tr>
<tr><td rowspan="7">职业素养</td><td rowspan="2">安全及合作</td><td>特殊操作应佩戴安全帽、防酸碱手套或绝缘手套、护目镜等防护用品</td><td>5</td><td>□</td></tr>
<tr><td>小组作业时应互相配合、合理分工，不可发生争执</td><td>5</td><td>□</td></tr>
<tr><td rowspan="5">“5S”管理</td><td>现场无杂物，工具、量具应分类放置，不应有其他安全隐患</td><td>3</td><td>□</td></tr>
<tr><td>废弃物应环保处理，废弃油液不可随意排放，应按要求放入指定容器</td><td>3</td><td>□</td></tr>
<tr><td>操作环境应保持干净、整齐，及时清理灰尘、杂物等</td><td>3</td><td>□</td></tr>
<tr><td>能按照维修手册要求操作，养成良好的作业习惯</td><td>3</td><td>□</td></tr>
<tr><td>操作完成后应对工具进行清点、检查，并做好设备维护和保养工作</td><td>3</td><td>□</td></tr>
<tr><td colspan="3">总评分</td><td colspan="2"></td></tr>
</table>

任务四 手动变速器壳体的拆卸

学习目标

1. 能正确写出拆卸手动变速器壳体所需的设备、工具。
2. 能根据维修手册正确使用工具对手动变速器壳体进行拆卸。
3. 能正确叙述手动变速器壳体的拆卸方法及注意事项。

任务描述

一辆丰田卡罗拉 1.6L 轿车进店维修，客户反映汽车最近出现换挡困难，经维修技师检查后，初步判断是由于长期使用，导致手动变速器密封垫漏油，需要拆卸手动变速器壳体进行维修。

问题 1：通过观看视频，列举拆卸手动变速器壳体时所需的设备、工具等。

____

____

问题 2：手动变速器壳体拆卸过程中有哪些注意事项?

____

____

相关知识

变速器壳体总成主要由变速器前壳体和后壳体组成，采用螺栓连接形成整体式的封闭结构。为了保证轻量化，前、后壳体的材料通常均为压铸铝合金。变速器壳体在变速器总成中主要起到支撑、包络和密封的作用，同时要求其具有较高的结构强度、刚度及良好的 NVH 特性（Noise、

Vibration、Harshness，噪声、振动与声振粗糙度）。

任务准备

1. 工具器材

操作前需要准备以下设备、工具及辅助材料（以单工位为例）。

设备、工具及辅助材料

序号	名称	规格	数量
1	手动变速器	C50	1
2	工作台	—	1
3	工具车	JTC 三层	1
4	外卡簧钳	40 ~ 100 mm	1
5	锤子	橡胶/塑料	1
6	錾子	—	1
7	拉杆式拉拔器	—	1
8	磁性吸棒	62 mm	1
9	铜棒	—	1
10	棉纱手套	—	若干

2. 分工及操作

<table>
<tr><th>职务</th><th>代码</th><th>姓名</th><th>工作内容</th></tr>
<tr><td>组长</td><td>A</td><td></td><td></td></tr>
<tr><td rowspan="4">组员</td><td>B</td><td></td><td rowspan="2"></td></tr>
<tr><td>C</td><td></td></tr>
<tr><td>D</td><td></td><td rowspan="2"></td></tr>
<tr><td>E</td><td></td></tr>
</table>

任务实施

下面以丰田卡罗拉 1.6L 车型 C50 手动变速器为例，介绍手动变速器壳体的拆卸方法。

序号	图示	步骤及技术要点
1	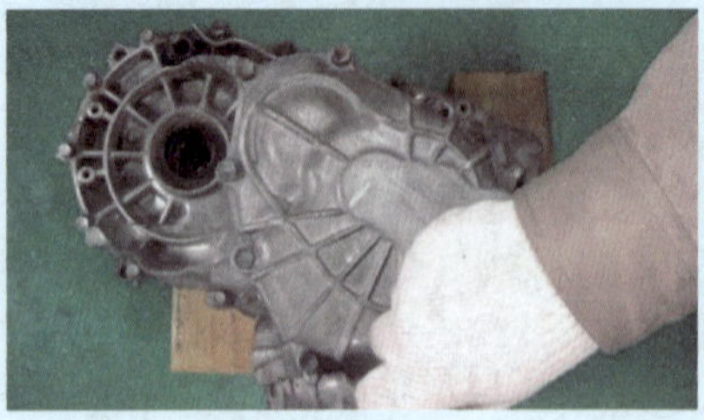	用 12 mm 套筒工具拆下手动变速器盖总成的 9 个螺栓
2	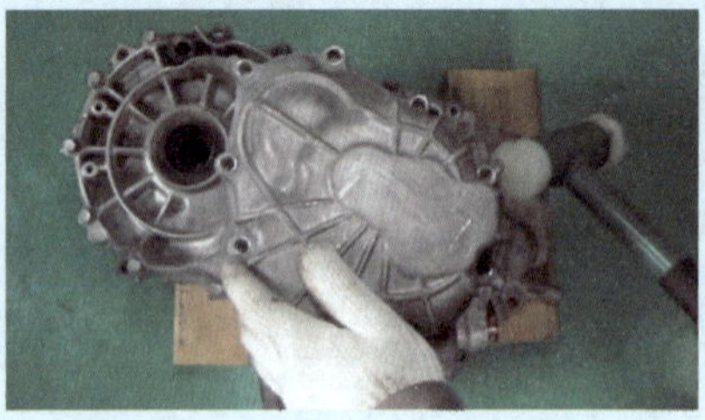	用______轻轻敲击手动变速器总成的凸出部分，拆下手动变速器盖 注意：如果变速器壳体出现______、接合面______，应更换手动变速器壳体总成
3	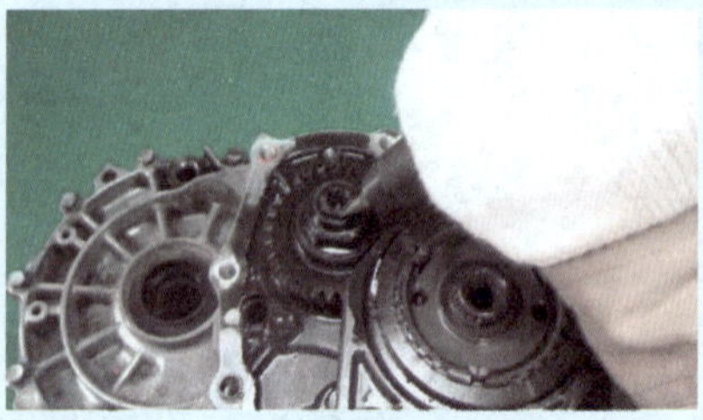	用______和______松开输出轴后端固定螺母的锁紧部件
4		用一字旋具拨动 2 个拨叉，使 2 个齿轮同步啮合以______输入轴和输出轴
5		用 27 mm 套筒工具拆下__________上的固定螺母

续表

序号	图示	步骤及技术要点
6	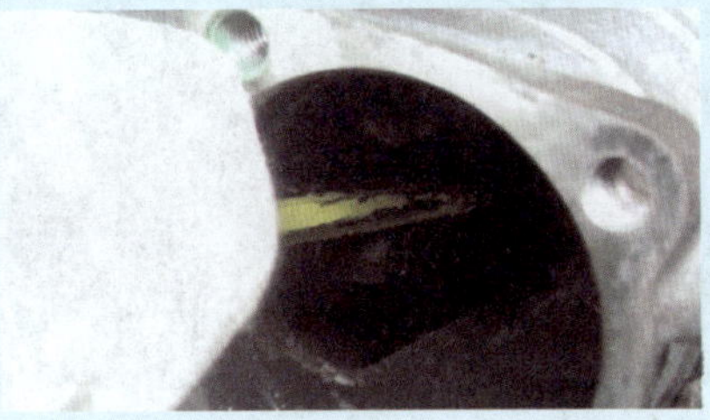	用一字旋具拨回2个拨叉，分离2个齿轮
7		用12 mm套筒工具从3号换挡拨叉上拆下________________________
8		从3号离合器毂上拆下__________和__________
9		用两把一字旋具抵住卡环两端，用______轻轻敲击旋具，从输入轴上敲出卡环 注意：用___或______挡住卡环，防止卡环飞出
10		用一字旋具从3号离合器毂上拆下同步啮合换挡键弹簧

续表

序号	图示	步骤及技术要点
11	  	用拉杆式拉拔器从输入轴上拆下 3 号离合器毂、__________和__________
12		从输入轴上拆下五挡齿轮__________和__________
13	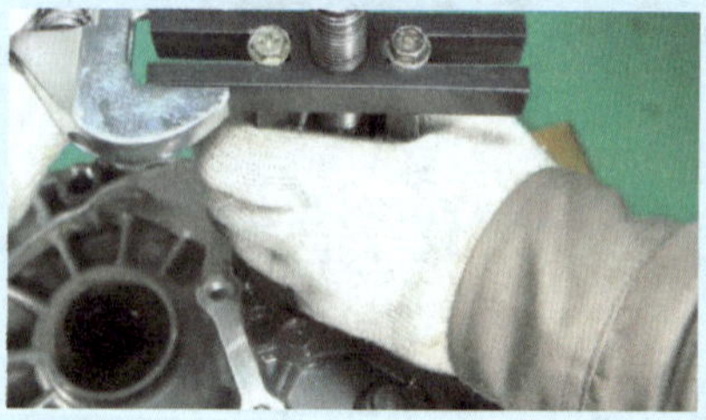	用拉杆式拉拔器从输出轴上拆下__________
14	 	用 12 mm 套筒工具拆下 5 个螺栓，取下__________
15	 	用外卡簧钳从输出轴、输入轴上分别拆下 2 个后轴承孔卡簧

续表

序号	图示	步骤及技术要点
16		用 10 mm 套筒工具拆下倒挡惰轮轴螺栓和______
17		用两把一字旋具和锤子从 2 号换挡拨叉轴上轻轻敲出______
18		用 6 mm ______________拆下 2 号换挡锁止钢球螺塞
19	 	取出换挡锁止钢球 1 号弹簧座和锁止钢球弹簧，用__________取出换挡锁止钢球
20	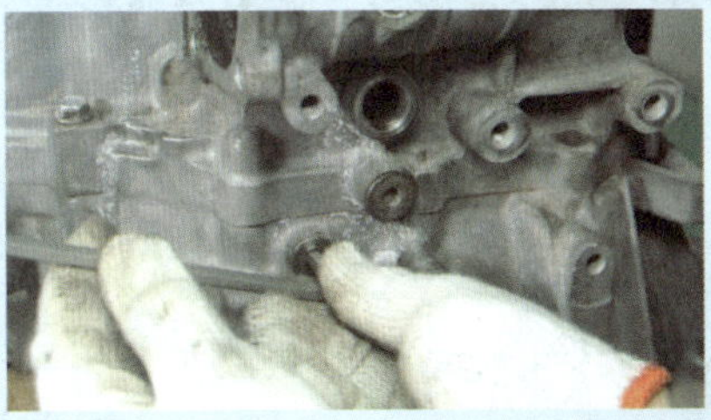  	用 6 mm ______________拆下换挡锁止钢球螺塞，取出________和______，用____________从变速器壳上取出钢球

续表

序号	图示	步骤及技术要点
21	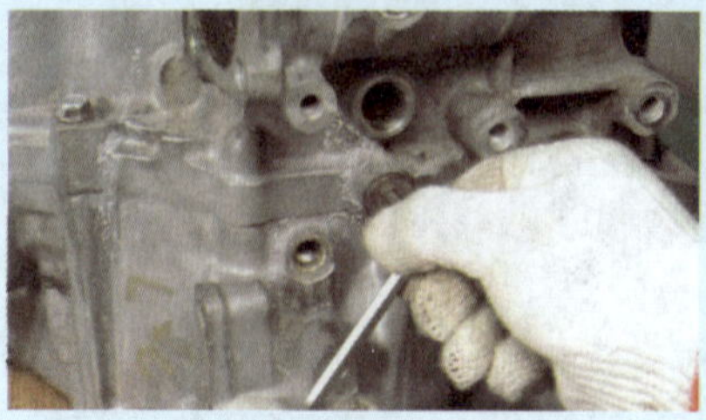	用 6 mm 内六角扳手拆下 2 号锁止钢球总成
22		用 14 mm 套筒工具从变速器壳上拆下 3 个螺栓
23		用 10 mm 套筒工具拆下手动变速器壳的 13 个螺栓
24	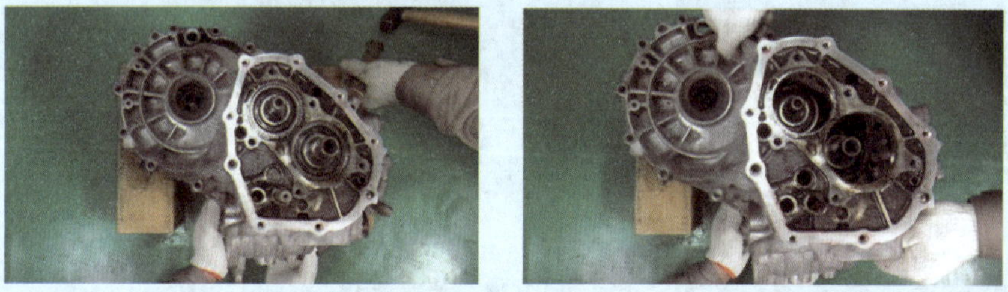	用______和______轻轻敲击手动变速器壳的凸出部分，拆下变速器壳
25		整理工具，并按照“5S”要求恢复场地

任务评价

<table>
<tr><th>项目</th><th>作业内容</th><th>评价要点</th><th>配分</th><th>评价</th></tr>
<tr><td rowspan="7">准备工作</td><td>场地准备</td><td>工位应干净、整洁，地面无油污</td><td>2</td><td>□</td></tr>
<tr><td rowspan="2">设备防护</td><td>摆放隔离栏</td><td>2</td><td>□</td></tr>
<tr><td>摆放施工作业指示牌</td><td>2</td><td>□</td></tr>
<tr><td rowspan="2">人员防护</td><td>工作服穿戴整齐</td><td>2</td><td>□</td></tr>
<tr><td>操作时应戴棉纱手套</td><td>2</td><td>□</td></tr>
<tr><td rowspan="2">工具、量具检查</td><td>检查磁性吸棒是否能够正常使用</td><td>2</td><td>□</td></tr>
<tr><td>检查拆卸工具套装是否齐全、整洁</td><td>3</td><td>□</td></tr>
<tr><td rowspan="7">操作</td><td rowspan="4">操作要点</td><td>能拆下手动变速器盖</td><td>11</td><td>□</td></tr>
<tr><td>能拆下输入轴齿轮</td><td>12</td><td>□</td></tr>
<tr><td>能拆下输出轴齿轮</td><td>12</td><td>□</td></tr>
<tr><td>能拆卸手动变速器壳体</td><td>10</td><td>□</td></tr>
<tr><td rowspan="3">技术规范</td><td>能知道变速器壳体出现裂纹、结合面变形时应更换</td><td>5</td><td>□</td></tr>
<tr><td>能使用锤子轻轻敲击变速器总成的凸出部分，以拆卸变速器盖</td><td>5</td><td>□</td></tr>
<tr><td>能用手或抹布挡住卡环，以防止其飞出</td><td>5</td><td>□</td></tr>
<tr><td rowspan="7">职业素养</td><td rowspan="2">安全及合作</td><td>特殊操作应佩戴安全帽、防酸碱手套或绝缘手套、护目镜等防护用品</td><td>5</td><td>□</td></tr>
<tr><td>小组作业时应互相配合、合理分工，不可发生争执</td><td>5</td><td>□</td></tr>
<tr><td rowspan="5">“5S”管理</td><td>现场无杂物，工具、量具应分类放置，不应有其他安全隐患</td><td>3</td><td>□</td></tr>
<tr><td>废弃物应环保处理，废弃油液不可随意排放，应按要求放入指定容器</td><td>3</td><td>□</td></tr>
<tr><td>操作环境应保持干净、整齐，及时清理灰尘、杂物等</td><td>3</td><td>□</td></tr>
<tr><td>能按照维修手册要求操作，养成良好的作业习惯</td><td>3</td><td>□</td></tr>
<tr><td>操作完成后应对工具进行清点、检查，并做好设备维护和保养工作</td><td>3</td><td>□</td></tr>
<tr><td colspan="3">总评分</td><td colspan="2"></td></tr>
</table>

任务五 手动变速器输入轴和输出轴的拆卸

学习目标

1. 能正确写出拆卸手动变速器输入轴和输出轴所需的设备、 工具。
2. 能根据维修手册正确使用工具拆卸手动变速器输入轴和输出轴。
3. 能正确叙述手动变速器输入轴和输出轴的拆卸步骤及注意事项。

任务描述

一辆丰田卡罗拉 1.6L 轿车进店维修，客户反映汽车出现挂不上挡位的现象，即使挂挡成功后要退回空挡也很困难。经维修技师检查后，建议拆卸变速器输入轴和输出轴进行检查。本任务的主要内容是拆卸手动变速器输入轴和输出轴。

问题 1：手动变速器的输入轴和输出轴各有什么作用？

____

____

问题 2：拆卸手动变速器输入轴和输出轴的过程中有哪些注意事项？

____

____

相关知识

手动变速器输入轴主要是将离合器的动力传递给输出轴，并支撑变速器主动齿轮。输出轴可以将输入轴传递过来的动力输出，并支撑变速器从动齿轮。

二轴式变速器只有输入轴和输出轴，用于发动机前置前轮驱动的汽车，一般与前驱动桥合称为手动变速驱动桥。

三轴式变速器由壳体和支撑轴承、输入轴、输出轴、中间轴、倒挡轴、同步器及轴上的齿轮组成，具有五个前进挡和一个倒车挡，第五挡为直接挡。

任务准备

1. 工具器材

操作前需要准备以下设备、工具及辅助材料（以单工位为例）。

设备、工具及辅助材料

序号	名称	规格	数量
1	手动变速器	C50	1
2	工作台	—	1
3	工具车	JTC 三层	1
4	锤子	—	1
5	棉纱手套	—	若干

2. 分工及操作

<table>
<tr><th>职务</th><th>代码</th><th>姓名</th><th>工作内容</th></tr>
<tr><td>组长</td><td>A</td><td></td><td></td></tr>
<tr><td rowspan="4">组员</td><td>B</td><td></td><td rowspan="2"></td></tr>
<tr><td>C</td><td></td></tr>
<tr><td>D</td><td></td><td rowspan="2"></td></tr>
<tr><td>E</td><td></td></tr>
</table>

任务实施

下面以丰田卡罗拉 1.6L 车型 C50 手动变速器为例，介绍手动变速器输入轴和输出轴的拆卸方法。

序号	图示	步骤及技术要点
1	 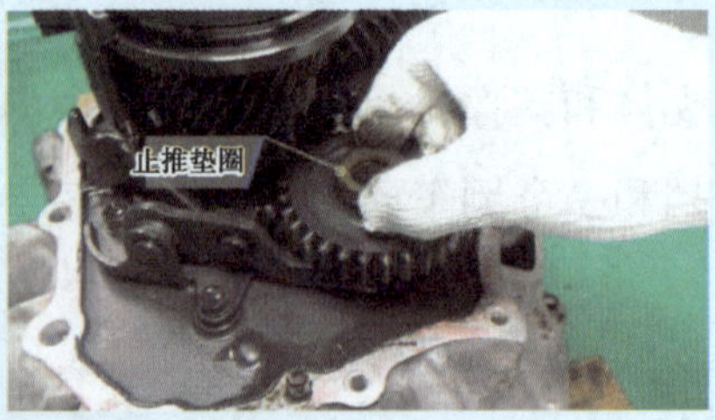 	从变速器壳上拆下______________、____________和____________
2	 	用 10 mm 套筒工具从变速器壳上拆下 2 个螺栓，取下倒挡换挡臂支架总成
3		用 10 mm 套筒工具从 2 号换挡拨叉轴和 1 号变速导块上拆下 2 个螺栓
4		从变速器壳上拆下 2 号换挡拨叉轴 注意：如果拔不出 2 号换挡拨叉轴，可先____________________________，使 2 号换挡拨叉轴上的______解锁
5		拆下 1 号变速导块

续表

序号	图示	步骤及技术要点
6		用两把一字旋具抵住卡环两端，用______轻轻敲击旋具，从1号换挡拨叉轴上敲出______
7	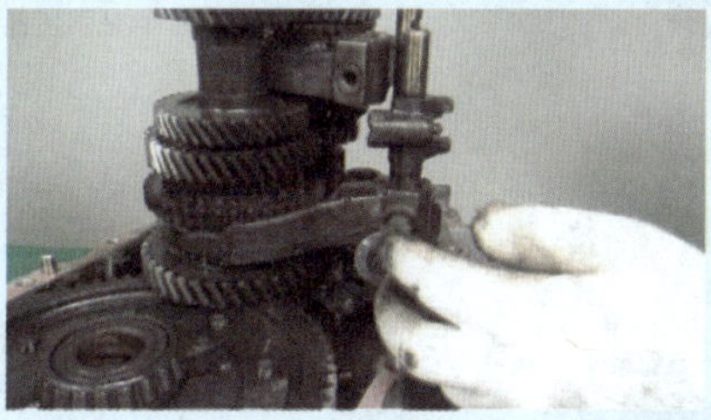 	用10 mm套筒工具从1号换挡拨叉轴上拆下换挡拨叉____________，取下1号换挡拨叉轴
8		拆下1号换挡拨叉
9		用两把一字旋具抵住卡环______，用______轻轻敲击旋具，从3号换挡拨叉轴上轻轻敲出______
10	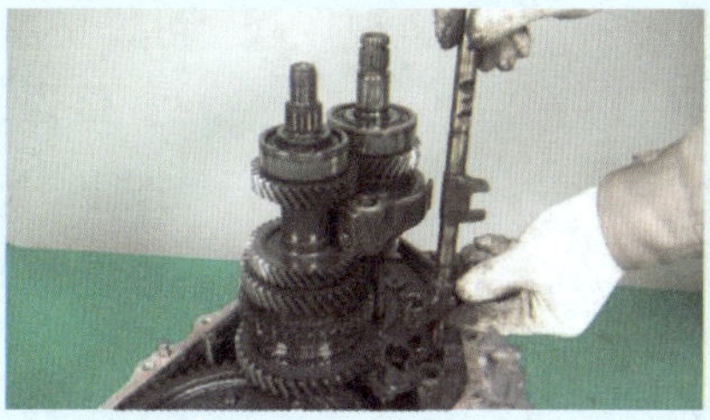 	从手动变速器壳上拆下__________________________、________________、________________

续表

序号	图示	步骤及技术要点
11		从变速器壳拆下输入轴总成和输出轴总成
12	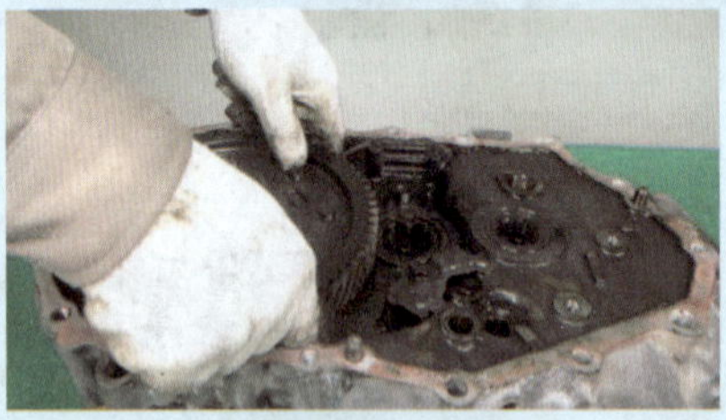	从变速器壳上拆下差速器壳总成
13	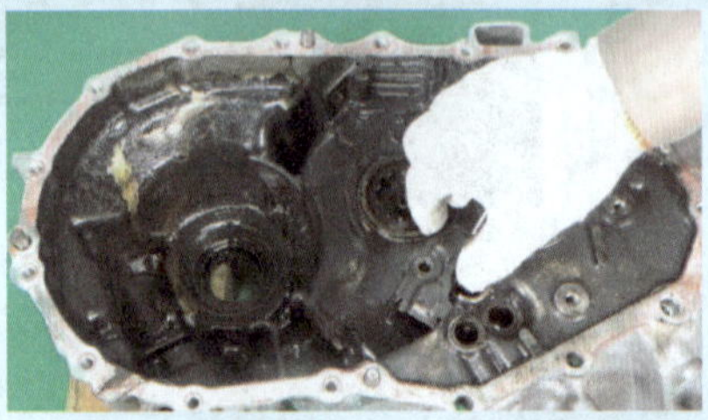	用___mm 套筒工具从变速器壳上拆下______和_____________________
14		用___mm 套筒工具从变速器壳上拆下______和_______________
15		从变速器壳上拆下_________________
16		整理工具，并按照“5S”要求恢复场地

任务评价

项目	作业内容	评价要点	配分	评价
准备工作	场地准备	工位应干净、整洁，地面无油污	2	□
	设备防护	摆放隔离栏	2	□
		摆放施工作业指示牌	2	□
	人员防护	工作服穿戴整齐	2	□
		操作时应戴棉纱手套	2	□
	工具、量具检查	检查拆卸工具套装是否齐全、整洁	5	□
操作	操作要点	能拆下倒挡惰轮轴、止推垫圈和倒挡惰轮	7	□
		能拆下倒挡换挡臂支架总成	6	□
		能从变速器壳上拆下换挡拨叉轴	7	□
		能从换挡拨叉轴上敲出卡环	7	□
		能从变速器壳上拆下输入轴总成和输出轴总成	9	□
		能从变速器壳上拆下差速器壳总成	7	□
		能从变速器壳上拆下变速器壳集油槽和轴承锁止板	7	□
	技术规范	能依据维修手册完成换挡拨叉轴的拆卸	5	□
		能使用一字旋具抵住卡环两端，然后用锤子轻轻敲击旋具以拆卸卡环	5	□
职业素养	安全及合作	特殊操作应佩戴安全帽、防酸碱手套或绝缘手套、护目镜等防护用品	5	□
		小组作业时应互相配合、合理分工，不可发生争执	5	□
	“5S”管理	现场无杂物，工具、量具应分类放置，不应有其他安全隐患	3	□
		废弃物应环保处理，废弃油液不可随意排放，应按要求放入指定容器	3	□
		操作环境应保持干净、整齐，及时清理灰尘、杂物等	3	□
		能按照维修手册要求操作，养成良好的作业习惯	3	□
		操作完成后应对工具进行清点、检查，并做好设备维护和保养工作	3	□
总评分				

任务六 离合器的检修

学习目标

1. 能正确写出离合器检修所需的设备、工具和量具。

2. 能根据维修手册正确使用工具、量具检测离合器从动盘、压盘、压紧弹簧、分离轴承等零部件。

3. 能正确使用工具、量具检测飞轮总成。

任务描述

一辆上海大众 POLO 1.4L 轿车进店维修，客户反映汽车低速挡起步时，放松离合器踏板后，汽车不能起步或起步困难；汽车加速行驶时，车速不能随发动机转速的提高而提高，感到行驶无力，严重时会产生焦煳味或冒烟等现象，经维修技师检查后，建议对离合器进行检修。

问题 1：观看视频，简述如何对离合器进行检修。

____

____

问题 2：在离合器检修过程中有哪些注意事项？

____

____

相关知识

1. 离合器的功用

离合器安装在发动机和变速器之间的飞轮壳内（图1），用螺钉将离合器总成固定在飞轮后平面上，离合器的输出轴即变速器的输入轴。在汽车从起步到行驶的整个过程中，驾驶员根据行驶情况，需要随时踩下或松开离合器踏板，使发动机和变速器分离或接合，以切断或传递发动机向变速器输入的动力。因此，离合器的作用是保证汽车平稳起步和变速器平顺换挡，并防止传动系过载。

图1 离合器的安装位置

2. 离合器的组成

不同类型的摩擦式离合器的结构虽有差异，但基本均由主动部分、从动部分、压紧机构和操纵机构四部分组成，如图2所示。离合器的主动部分与发动机的飞轮相连，主要由压盘、离合器盖等零部件组成；从动部分与变速器相连，主要由从动盘、变速器输入轴等零部件组成；压紧机构主要是压紧弹簧；操纵机构主要由分离杠杆、分离轴承及套筒、分离叉和离合器踏板等组成。

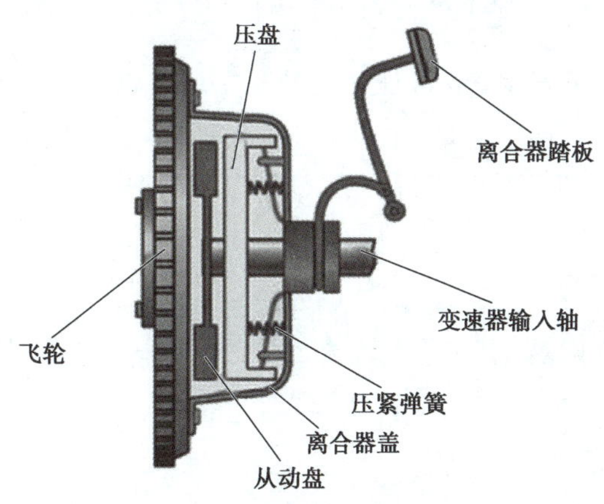

图2 离合器的组成示意图

3. 离合器的工作原理

如图3所示，离合器盖通过螺栓固定在飞轮的后端面上，离合器内的从动盘在弹簧的作用力下被压盘压紧在飞轮端面上，而从动盘与变速器的输入轴相连，通过飞轮及压盘与从动盘接触面的摩擦作用，将发动机发出的转矩传递给变速器。

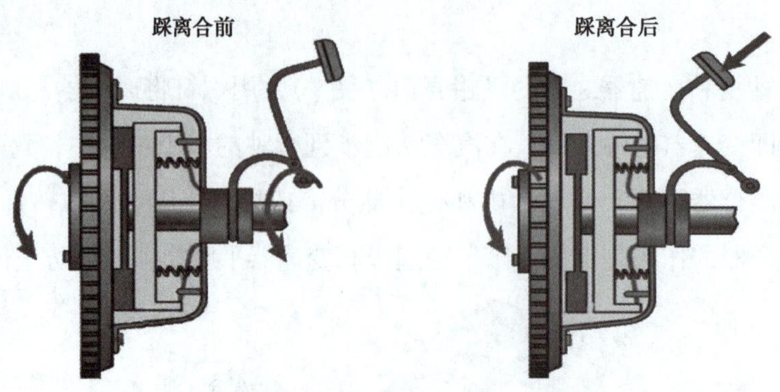

图3　离合器的工作原理

任务准备

1. 工具器材

操作前需要准备以下设备、工具及辅助材料（以单工位为例）。

设备、工具及辅助材料

序号	名称	规格	数量
1	离合器总成	大众 POLO 1. 4 L	1
2	大众 POLO 轿车	1. 4 L	1
3	举升机	双柱式	1
4	游标卡尺	0 ~ 200 mm	1
5	刀口尺	650 mm	1
6	塞尺	—	1
7	百分表及磁性表座	0 ~ 10 mm	1
8	棉纱手套	—	若干

2. 分工及操作

职务	代码	姓名	工作内容
组长	A		
组员	B		
	C		
	D		
	E		

任务实施

下面以上海大众 POLO 1.4L 车型为例，介绍离合器的检修方法。

序号	图示	步骤及技术要点
1	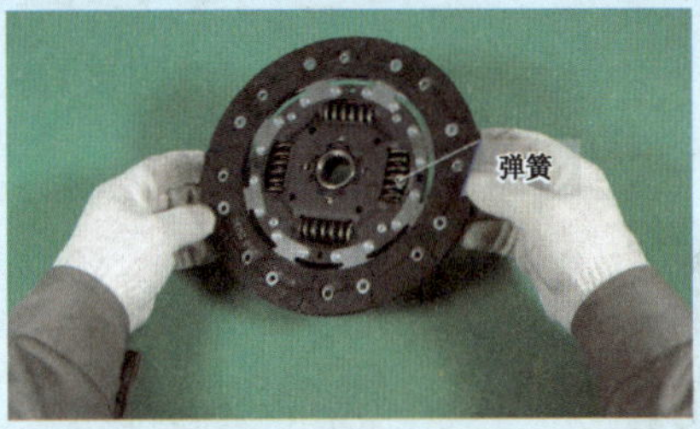	目测检查从动盘摩擦片应无______、铆钉______、减振器弹簧______等情况
2	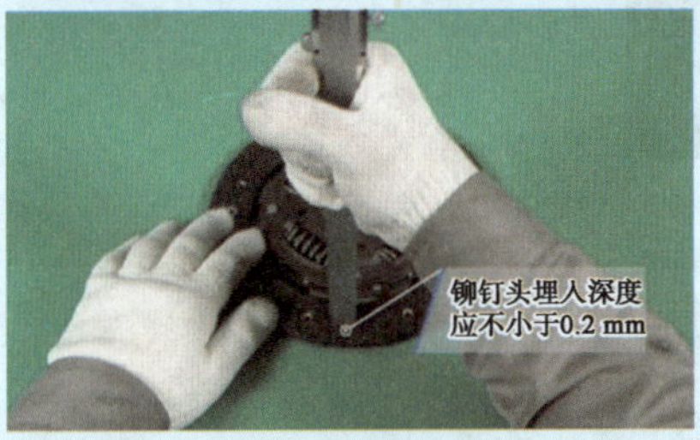	用____________检查从动盘摩擦片的磨损程度，铆钉头埋入深度应不小于___mm
3	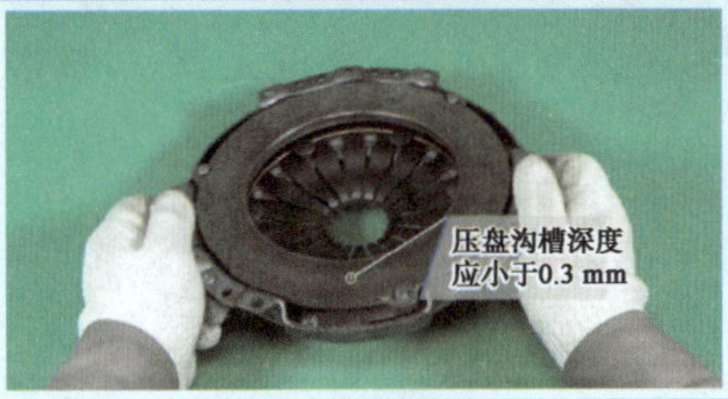	检查压盘表面粗糙度。压盘表面不应有明显______，沟槽深度应小于___mm，轻微磨损可用______修平
4	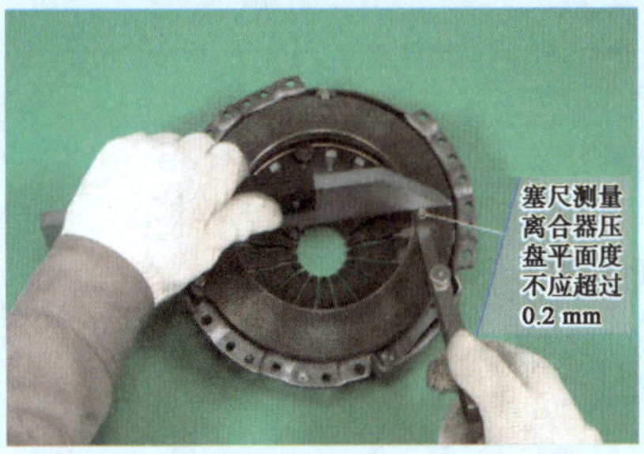	检查压盘平面度。将刀口尺垂直压紧在压盘表面。用塞尺测量离合器压盘平面度不应超过0.2 mm。压盘平面度或表面粗糙度超过要求，可用平面磨床磨平或用车床车平，但磨削、车削的厚度应小于2 mm 注意：为避免加速磨损刀口尺测量面，不能用刀口尺测量太粗糙的工件表面，应提起刀口尺并轻轻放到被测表面上
5	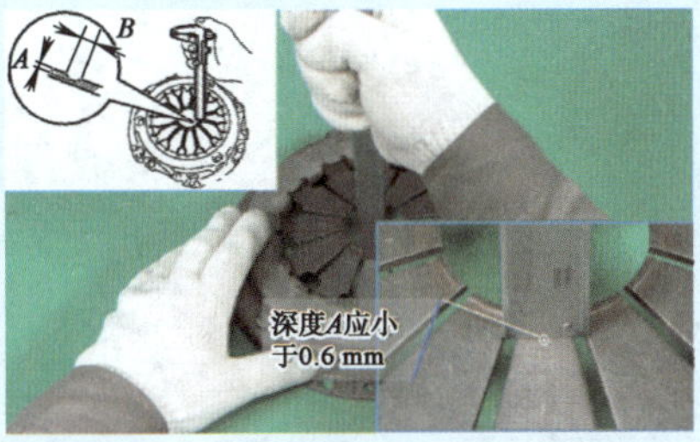	用____________测量压紧弹簧与分离轴承接触部位的磨损深度 *A* 应小于___mm，宽度 *B* 应小于___mm

续表

序号	图示	步骤及技术要点
6	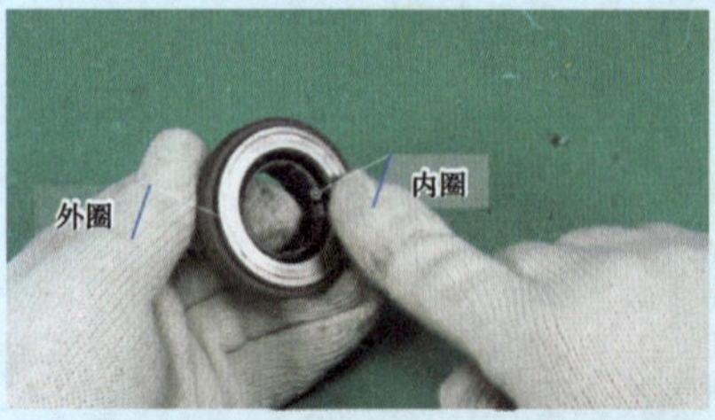	用手固定_________________，转动______，同时在轴向施加压力，应无______或明显_________
7		举升车辆，用________测量飞轮分总成的径向跳动，最大径向跳动应小于___ mm
8	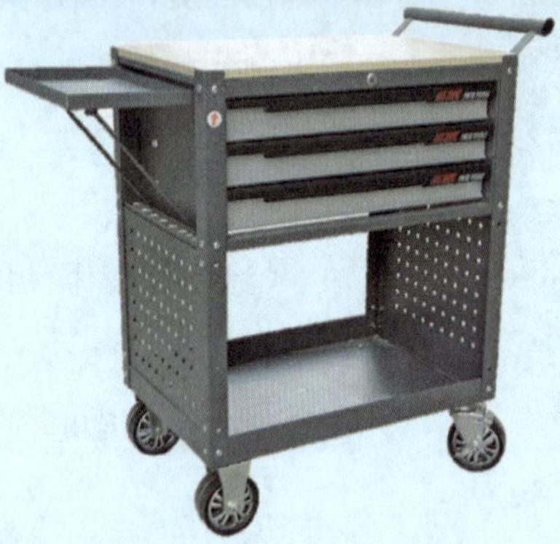	整理工具，并按照“5S”要求恢复场地

任务评价

项目	作业内容	评价要点	配分	评价
准备工作	场地准备	工位应干净、整洁，地面无油污	1	□
		车辆停靠在举升机合适位置	1	□
	设备防护	摆放隔离栏	2	□
		摆放施工作业指示牌	2	□
	人员防护	工作服穿戴整齐	2	□
		操作时应戴棉纱手套	2	□
	工具、量具检查	检查游标卡尺、刀口尺、百分表是否工作正常	3	□
		检查检测工具套装是否齐全、整洁	2	□

续表

项目	作业内容	评价要点	配分	评价
操作	操作要点	能目测检查从动盘摩擦片的磨损情况	6	□
		能正确使用游标卡尺检查压盘表面粗糙度	6	□
		能正确使用刀口尺、塞尺检查离合器压盘平面度	7	□
		能正确使用游标卡尺检查压紧弹簧的磨损度	7	□
		能正确检查分离轴承	7	□
		能正确使用百分表测量飞轮分总成的径向跳动	7	□
	技术规范	能知道离合器压盘平面度不应超过 0.2 mm	5	□
		能知道磨床或车床修复压盘表面的厚度应小于 2 mm	5	□
		能知道压紧弹簧与分离轴承接触部位的磨损深度 *A* 应小于 0.6 mm，宽度 *B* 应小于 5 mm	5	□
		能知道飞轮分总成的径向跳动应小于 0.1 mm	5	□
职业素养	安全及合作	特殊操作应佩戴安全帽、防酸碱手套或绝缘手套、护目镜等防护用品	5	□
		小组作业时应互相配合、合理分工，不可发生争执	5	□
	“5S”管理	现场无杂物，工具、量具应分类放置，不应有其他安全隐患	3	□
		废弃物应环保处理，废弃油液不可随意排放，应按要求放入指定容器	3	□
		操作环境应保持干净、整齐，及时清理灰尘、杂物等	3	□
		能按照维修手册要求操作，养成良好的作业习惯	3	□
		操作完成后应对工具进行清点、检查，并做好设备维护和保养工作	3	□
总评分				

任务七 离合器总成的安装

学习目标

1. 能正确写出安装离合器总成所需的设备、工具。
2. 能根据维修手册正确使用工具安装离合器总成。
3. 能正确叙述离合器总成的安装方法及注意事项。

任务描述

一辆上海大众 POLO 1.4L 手动挡轿车进店维修，客户反映离合器刚检修过，但还是会有异响及抖动，经维修技师检查后，建议拆卸离合器重新安装。离合器安装是否规范会影响发动机的动力传递，若不规范，在换挡时还可能会造成变速器损坏。本任务的主要内容是规范安装离合器总成。

问题 1：通过观看视频，简述如何正确安装离合器总成。

____

____

问题 2：在离合器总成安装过程中，有哪些注意事项？

____

____

相关知识

1. 离合器的检修

(1) 从动盘的检查包括目视检查、检查从动盘的径向跳动、检查从动盘摩擦片的磨损程度。

(2) 压盘和离合器盖的检查。压盘损伤主要是翘曲、破裂或过度磨损等。压盘检查包括检查压盘表面粗糙度、检查压盘平面度。离合器盖与飞轮接合面如有翘曲、裂纹、螺纹磨损等应更换离合器盖。

(3) 膜片弹簧的检查包括检查膜片弹簧的磨损程度、膜片弹簧是否变形。

(4) 分离轴承的检查。用手固定分离轴承内圈，转动外圈，同时在轴向施加压力，如有阻滞或有明显间隙感时，应更换分离轴承。

2. 离合器的安装

(1) 清洁飞轮表面。

(2) 清洁、润滑变速器一轴。

(3) 检查分离轴承，如发现有卡滞或明显间隙，则应更换分离轴承。应注意分离轴承中填充有润滑脂，请勿用油类清洗剂清洗。

(4) 装上离合器从动盘，注意从动盘的正反，短毂应朝向飞轮。

(5) 用专用工具将离合器从动盘定位在飞轮和压盘的中心。

(6) 以规定力矩按对角线方向分 2～3 次逐渐拧紧离合器的固定螺栓。

任务准备

1. 工具器材

操作前需要准备以下设备、工具及辅助材料（以单工位为例）。

设备、工具及辅助材料

序号	名称	规格	数量
1	大众 POLO 轿车	1.4L	1
2	举升机	剪式	1
3	工具车	JTC 三层	1
4	润滑脂	—	若干
5	离合器对孔专用工具	—	1
6	可调式扭力扳手	5～25 N·m	1
7	棉纱手套	—	若干

2. 分工及操作

职务	代码	姓名	工作内容
组长	A		
组员	B		
	C		
	D		
	E		

 任务实施

下面以上海大众 POLO 1.4L 车型为例，介绍离合器总成的安装方法。

序号	图示	步骤及技术要点
1		在离合器分离叉和支撑件间的接触面上涂抹____________，将分离叉和分离轴承安装到手动变速器总成上
2		在变速器输入轴花键上涂抹少量__________，使离合器________能够在输入轴上灵活往复移动
3		在变速器左、右________内涂抹润滑脂

续表

序号	图示	步骤及技术要点
4		选择与车型匹配的____________________________，将______放到离合器摩擦片上。将___________________________插入离合器从动盘总成上
5		将离合器对孔专用工具和离合器总成一起安装到______上
6	 扭矩为20 N·m	转动______，用6个10 mm的螺栓安装离合器总成，用可调式扭力扳手沿________交错逐步拧紧螺栓，扭矩为___N·m
7		从离合器总成上取下_____________________________，离合器安装完毕
8		整理工具，并按照“5S”要求恢复场地

任务评价

项目	作业内容	评价要点	配分	评价
准备工作	场地准备	工位应干净、整洁，地面无油污	1	□
		车辆停靠在举升机合适位置	1	□
	车辆防护	铺设翼子板及前格栅布	2	□
		铺设车内四件套	2	□
	人员防护	工作服穿戴整齐	2	□
		操作时应戴棉纱手套	2	□
	工具、量具检查	检查离合器对孔专用工具与车型是否匹配	3	□
		检查安装工具套装是否齐全、整洁	2	□
操作	操作要点	能将离合器分离叉和分离轴承安装到手动变速器总成上	8	□
		能将压盘放到离合器摩擦片上	8	□
		能正确使用离合器对孔专用工具将离合器摩擦片插入离合器从动盘总成上	8	□
		能从离合器总成上取下离合器对孔专用工具	8	□
		能正确安装手动挡汽车离合器	6	□
	技术规范	在拆卸或安装圆柱形部件时，能知道需以对角线方向逐次少许松动或紧固螺栓	7	□
		在安装离合器分离叉时，能知道要在其表面涂抹润滑脂	5	□
		能知道在变速器左、右法兰轴内涂抹润滑脂	5	□
		能知道离合器螺栓的拧紧力矩	5	□
职业素养	安全及合作	特殊操作应佩戴安全帽、防酸碱手套或绝缘手套、护目镜等防护用品	5	□
		小组作业时应互相配合、合理分工，不可发生争执	5	□
	“5S”管理	现场无杂物，工具、量具应分类放置，不应有其他安全隐患	3	□
		废弃物应环保处理，废弃油液不可随意排放，应按要求放入指定容器	3	□
		操作环境应保持干净、整齐，及时清理灰尘、杂物等	3	□
		能按照维修手册要求操作，养成良好的作业习惯	3	□
		操作完成后应对工具进行清点、检查，并做好设备维护和保养工作	3	□
总评分				

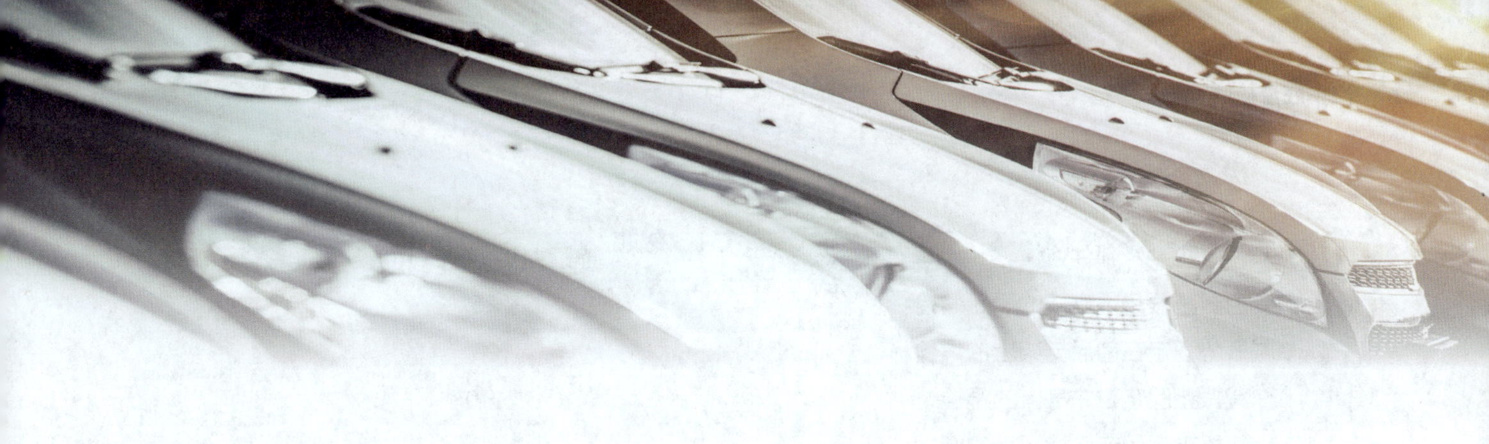

任务八 手动变速器总成的安装（一）

学习目标

1. 能正确写出安装手动变速器总成所需的设备、工具。
2. 能根据维修手册正确使用工具安装手动变速器总成。
3. 能正确叙述手动变速器总成的安装步骤及注意事项。

任务描述

一辆上海大众 POLO 1.4L 轿车进店维修，客户反映汽车换挡困难，变速器有时会发出异响，经维修技师检修后，需要重新安装手动变速器总成。本任务的主要内容是安装手动变速器总成。

问题：手动变速器总成安装过程中有哪些注意事项？

____

____

相关知识

变速器总成的安装可按与拆卸相反的顺序进行，如果需要，调整离合器踏板自由行程，有关变速器拧紧螺栓力矩见下表。

变速器总成有关的拧紧力矩

部件	拧紧力矩（N·m）
变速器固定在发动机上的螺栓	55

续表

部件	拧紧力矩（N·m）
变速器减振垫前支架的固定螺栓	25
减振垫固定在前后支架上的螺栓	20
减振垫固定在车身上的螺栓	110
变速器支架固定在横梁上的螺栓	70
发动机中间支架固定在车身上的螺栓	30
传动轴固定在变速器上的螺栓	40
内变速杆固定螺栓	30

任务准备

1. 工具器材

操作前需要准备以下设备、工具及辅助材料（以单工位为例）。

设备、工具及辅助材料

序号	名称	规格	数量
1	大众 POLO 轿车	1.4L	1
2	举升机	剪式	1
3	工具车	JTC 三层	1
4	发动机平衡架	—	1
5	垫块	—	1
6	变速器专用举升装置	—	1
7	可调式扭力扳手	10 ~ 150 N·m、 5 ~ 60 N·m	2
8	棉纱手套	—	若干

2. 分工及操作

职务	代码	姓名	工作内容
组长	A		
组员	B		
	C		
	D		
	E		

任务实施

下面以大众 POLO 1.4L 车型为例，介绍手动变速器总成的安装方法。

序号	图示	步骤及技术要点
1	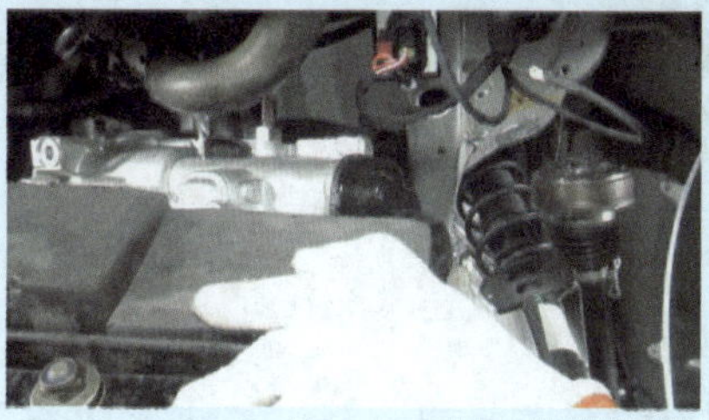 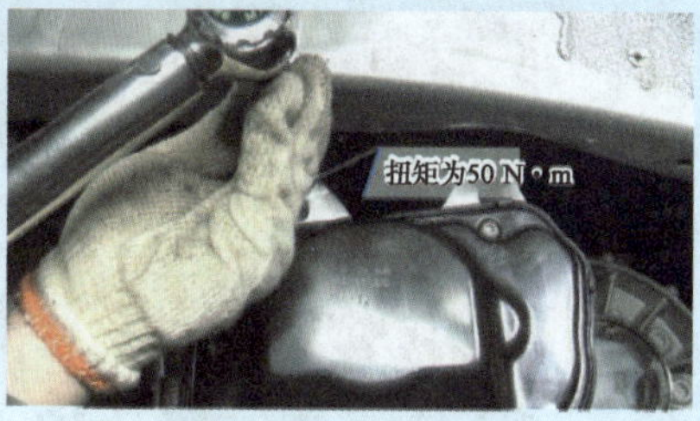	将海绵垫块放在变速器专用举升装置上，用变速器专用举升装置缓慢举升变速器，调整到合适位置后，用___个 16 mm 螺栓安装变速器左侧支架，可调式扭力扳手扭矩为___ N · m
2		安装发动机与变速器上部和下部的___个 18 mm 固定螺栓
3		拧紧发动机平衡架锁紧螺母，调整________和________位置，以便安装左侧支座
4	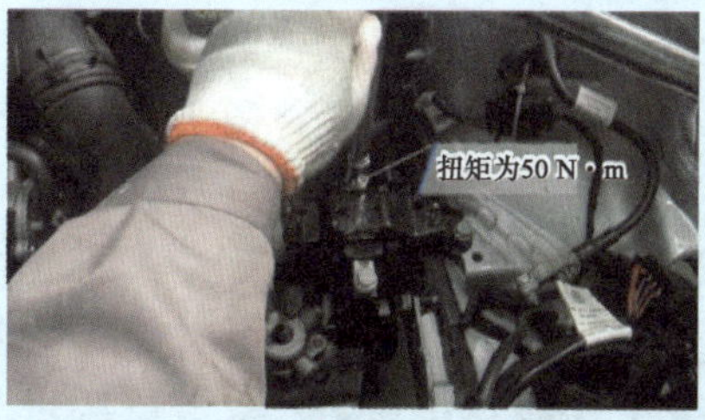 	安装变速器左侧支座的 2 个 16 mm 螺栓，可调式扭力扳手扭矩为___ N · m。将变速器连接到车身上，松开发动机平衡架__________

续表

序号	图示	步骤及技术要点
5		降下变速器专用举升装置
6		用 2 个 16 mm 螺栓安装挡板
7	 	用 3 个 16 mm 螺栓安装变速器托架总成，可调式扭力扳手扭矩分别为________________、________________
8	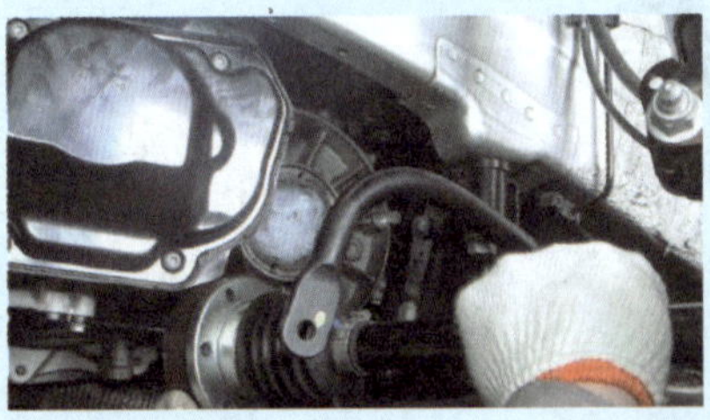 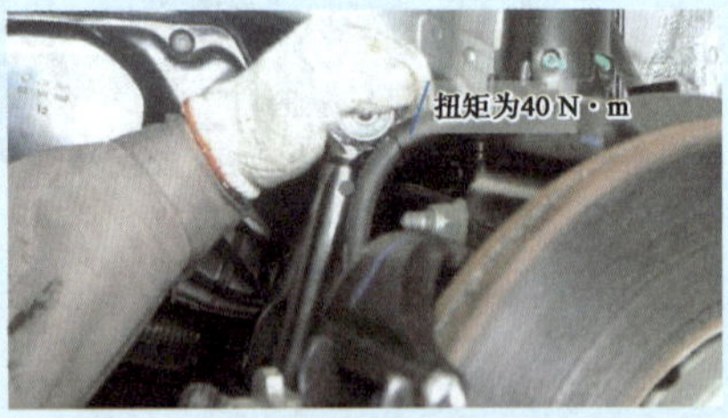	用 6 个 M9 螺栓将左侧传动轴安装到法兰轴上，可调式扭力扳手扭矩为___N · m。用 6 个 M9 螺栓将右侧传动轴安装到法兰轴上，可调式扭力扳手扭矩为___N · m
9	 	用 3 个 16 mm 螺母安装左车桥转向节，可调式扭力扳手扭矩为___N · m

续表

序号	图示	步骤及技术要点
10	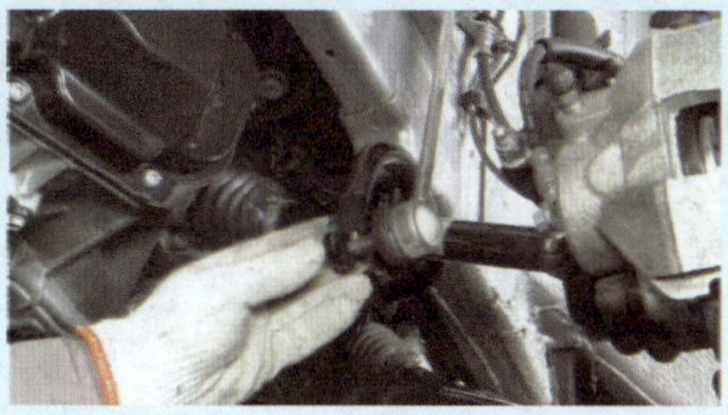 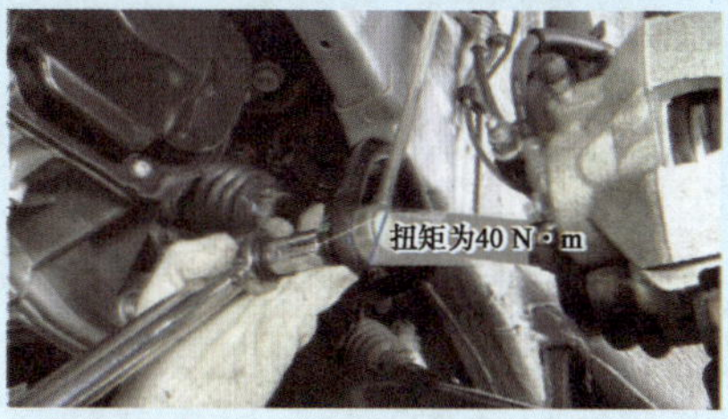	安装左前稳定杆连杆总成，用16 mm螺母按规定力矩拧紧，可调式扭力扳手扭矩为___N·m
11		用16 mm螺母安装横拉杆球头，可调式扭力扳手扭矩为________________
12		松开发动机平衡架__________，拆下平衡架和发动机间的连接螺栓，从车身上拿下发动机平衡架成
13		连接倒车灯开关连接器
14	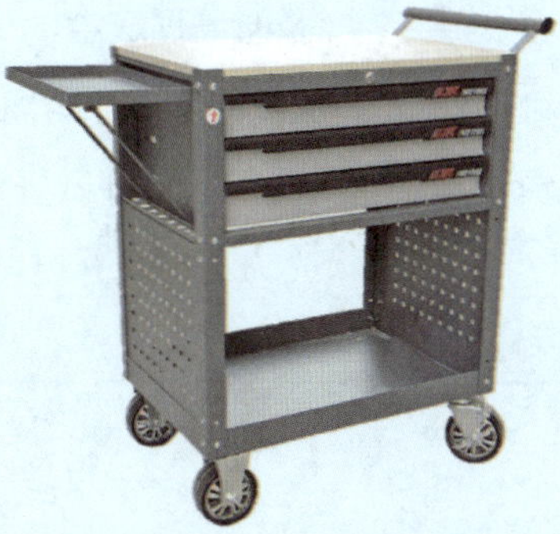	整理工具，并按照“5S”要求恢复场地

任务评价

项目	作业内容	评价要点	配分	评价
准备工作	场地准备	工位应干净、整洁，地面无油污	1	□
		车辆停靠在举升机合适位置	1	□
	车辆防护	铺设翼子板及前格栅布	2	□
		铺设车内四件套	2	□
	人员防护	工作服穿戴整齐	2	□
		操作时应戴棉纱手套	2	□
	工具、量具检查	检查变速器专用举升装置是否工作正常	3	□
		检查安装工具套装是否齐全、整洁	2	□
操作	操作要点	能正确安装手动变速器总成	9	□
		能正确安装传动轴	9	□
		能正确安装横拉杆球头	9	□
		能正确连接倒车灯开关连接器	8	□
	技术规范	能知道变速器左、右侧支座螺栓的扭矩为 50 N · m	5	□
		能知道变速器托架总成螺栓的扭矩为 30 N · m +90°和 40 N · m +90°	5	□
		能知道传动轴左、右侧螺栓的扭矩为 40 N · m	5	□
		能知道稳定杆连杆总成螺栓的扭矩为 40 N · m	5	□
		能知道制动横拉杆球头锁紧螺母的扭矩为 20 N · m +90°	5	□
职业素养	安全及合作	特殊操作应佩戴安全帽、防酸碱手套或绝缘手套、护目镜等防护用品	5	□
		小组作业时应互相配合、合理分工，不可发生争执	5	□
	“5S”管理	现场无杂物，工具、量具应分类放置，不应有其他安全隐患	3	□
		废弃物应环保处理，废弃油液不可随意排放，应按要求放入指定容器	3	□
		操作环境应保持干净、整齐，及时清理灰尘、杂物等	3	□
		能按照维修手册要求操作，养成良好的作业习惯	3	□
		操作完成后应对工具进行清点、检查，并做好设备维护和保养工作	3	□
总评分				

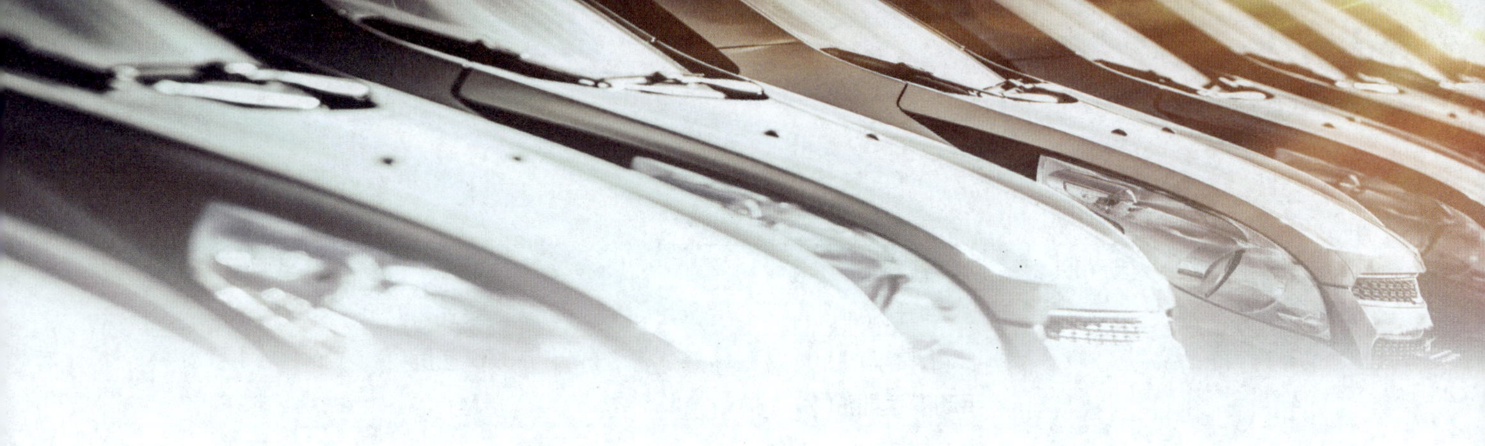

任务九

手动变速器总成的安装（二）

学习目标

1. 能正确写出安装手动变速器总成所需的设备、工具。
2. 能根据维修手册正确使用工具安装手动变速器总成。
3. 能正确叙述手动变速器总成的安装步骤及注意事项。

任务描述

上一任务已将手动变速器总成安装到汽车上，还需安装起动机、自锁拉索和选挡拉索等零部件。本任务的主要内容是安装起动机、自锁拉索和选挡拉索等零部件。

问题：手动变速器安装过程中各螺栓的扭矩分别为多少？

____

____

任务准备

1. 工具器材

操作前需要准备以下设备、工具及辅助材料（以单工位为例）。

设备、工具及辅助材料

序号	名称	规格	数量
1	大众 POLO 轿车	1. 4L	1

续表

序号	名称	规格	数量
2	举升机	剪式	1
3	工具车	JTC 三层	1
4	手动变速器油	MT	若干
5	挡块	—	若干
6	垫块	—	若干
7	可调式扭力扳手	10 ~ 150 N · m、 5 ~ 25 N · m	2
8	棉纱手套	—	若干

2. 分工及操作

职务	代码	姓名	工作内容
组长	A		
组员	B		
	C		
	D		
	E		

任务实施

下面以上海大众 POLO 1.4L 车型为例，介绍手动变速器总成的安装方法。

序号	图示	步骤及技术要点
1	扭矩为80 N · m 扭矩为20 N · m	用 2 个 18 mm 螺栓安装起动机总成，可调式扭力扳手扭矩为___N · m。用螺母安装线束支架，可调式扭力扳手扭矩为___N · m
2	起动机连接线束	用 14 mm 螺母安装起动机正极电缆，连接起动机连接线束，盖上正极电缆________

续表

序号	图示	步骤及技术要点
3	 扭矩为20 N·m	用2个16 mm螺栓安装离合器工作缸，可调式扭力扳手扭矩为___N·m
4	 扭矩为25 N·m	用3个16 mm螺栓安装变速器拉索托架，扭矩为___N·m
5	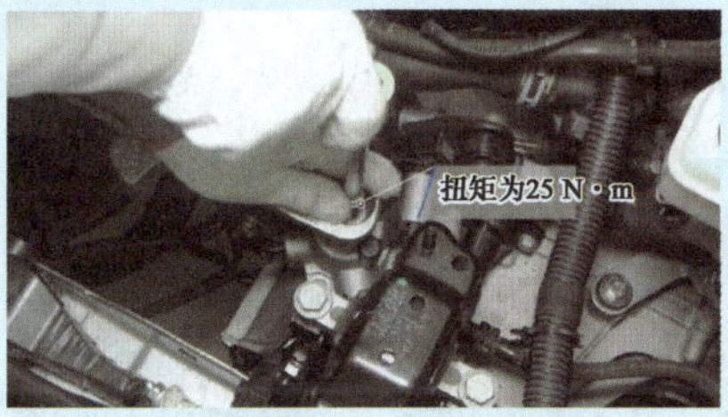 扭矩为25 N·m	用1个16 mm螺母安装变速器换挡拉杆和换向杠杆，扭矩为___N·m
6	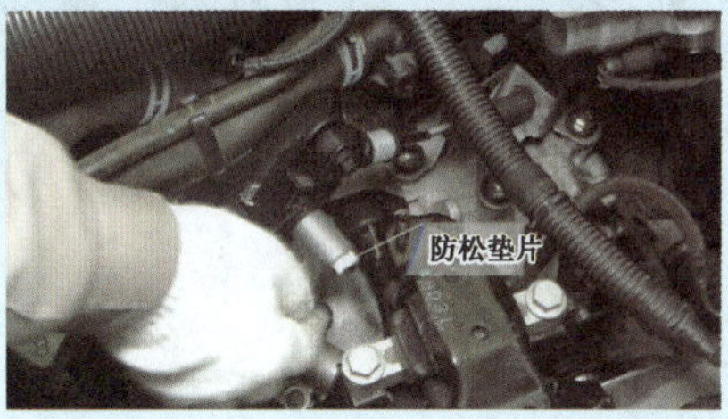 防松垫片	安装换向杠杆上的防松垫片
7		拉动换挡自锁拉索和选挡拉索上的__________，顺时针旋转，连接换挡自锁拉索和选挡拉索与各自的拉索锁止件，调整换挡操纵装置

续表

序号	图示	步骤及技术要点
8	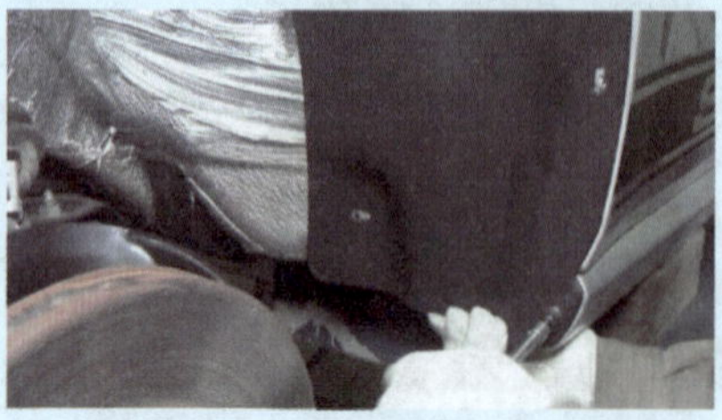	将4个海绵垫块放在剪式举升机平板上，将车辆举升到合适高度，用13个螺钉安装左前轮________
9		用6个螺钉安装发动机______
10	 	安装______，降下车辆，用挡块抵住车辆防止车辆移动，用可调式扭力扳手按规定调整扭力大小并锁止，按________方式紧固螺栓直至听见“咔哒”声，扭矩为___N·m
11		安装车轮__________
12	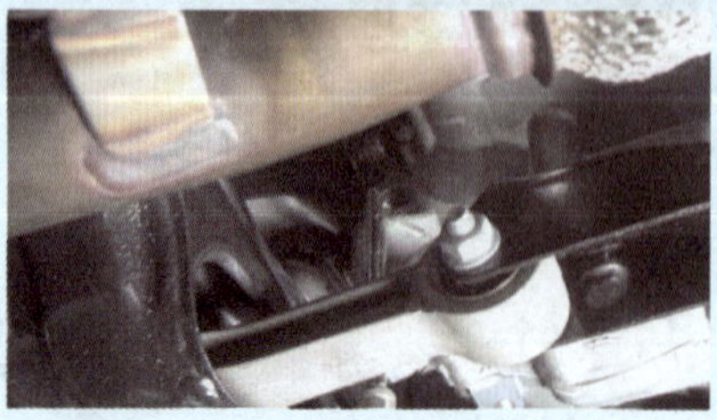	加注________________，直至加油口有润滑油溢出时___________

续表

序号	图示	步骤及技术要点
13	 扭矩为16 N·m	用16 mm螺栓和螺母安装蓄电池托架，扭矩为___N·m。安装蓄电池托架卡子
14	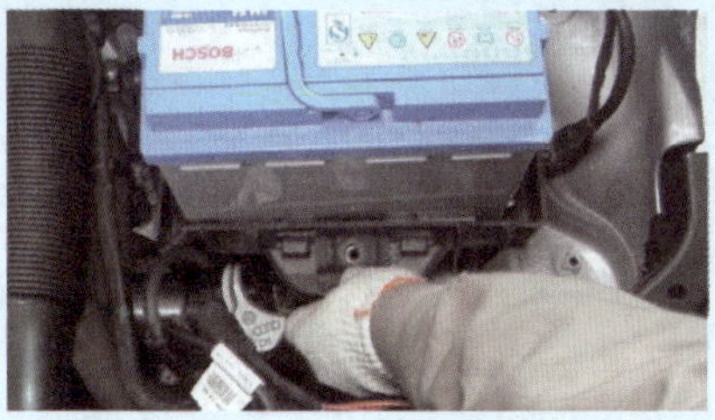 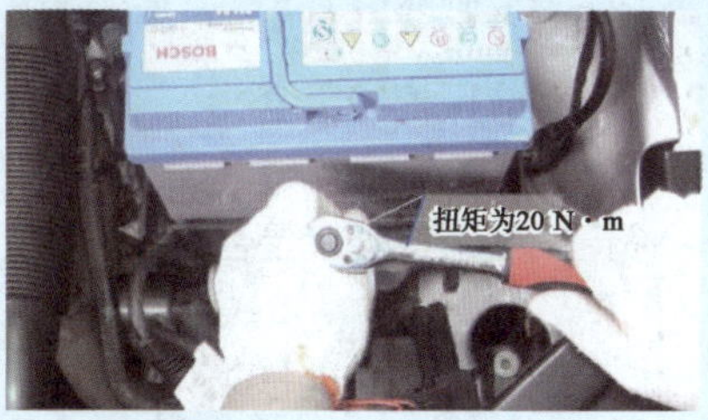 扭矩为20 N·m	将蓄电池放置在蓄电池托架上，用固定支架压住蓄电池______，用一个13 mm螺栓固定，扭矩为___N·m
15		将熔断器盒和连接导线一同安装到蓄电池正极上
16	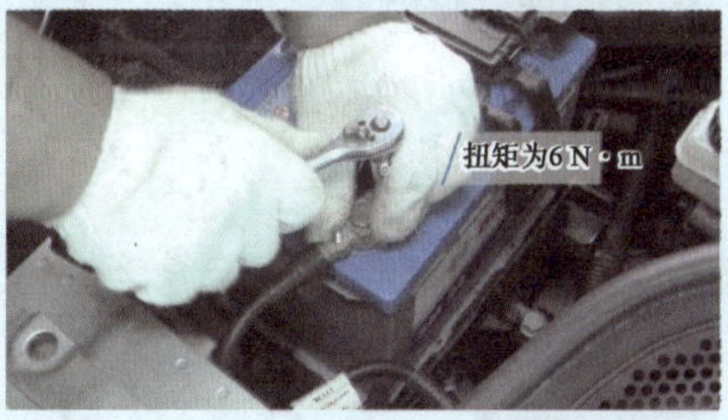 扭矩为6 N·m	用10 mm螺母安装蓄电池负极电缆，扭矩为____N·m
17	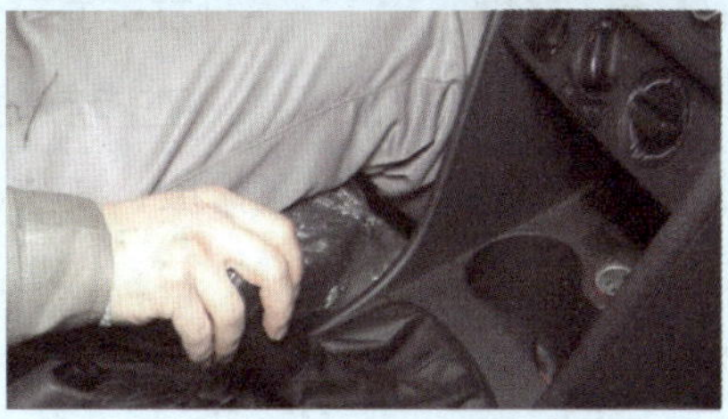	检查换挡杆换挡是否顺畅
18		整理工具，并按照“5S”要求恢复场地

任务评价

项目	作业内容	评价要点	配分	评价
准备工作	场地准备	工位应干净、整洁，地面无油污	1	□
		车辆停靠在举升机合适位置	1	□
	车辆防护	铺设翼子板及前格栅布	2	□
		铺设车内四件套	2	□
	人员防护	工作服穿戴整齐	2	□
		操作时应戴棉纱手套	2	□
	工具、量具检查	检查安装工具套装是否齐全、整洁	5	□
操作	操作要点	能正确安装起动机总成	9	□
		能正确安装换挡自锁拉索和选挡拉索	9	□
		能正确安装并调试车轮	9	□
		能正确连接蓄电池	8	□
	技术规范	能知道离合器工作缸螺栓扭矩为 20 N · m	5	□
		能知道变速器拉索托架螺栓扭矩为 25 N · m	5	□
		能知道变速器换挡拉杆和换向杠杆螺栓扭矩为 25 N · m	5	□
		能知道车轮紧固时要以对角线方式拧紧螺栓	5	□
		能知道车轮螺栓的拧紧力矩为 120 N · m	5	□
职业素养	安全及合作	特殊操作应佩戴安全帽、防酸碱手套或绝缘手套、护目镜等防护用品	5	□
		小组作业时应互相配合、合理分工，不可发生争执	5	□
	“5S” 管理	现场无杂物，工具、量具应分类放置，不应有其他安全隐患	3	□
		废弃物应环保处理，废弃油液不可随意排放，应按要求放入指定容器	3	□
		操作环境应保持干净、整齐，及时清理灰尘、杂物等	3	□
		能按照维修手册要求操作，养成良好的作业习惯	3	□
		操作完成后应对工具进行清点、检查，并做好设备维护和保养工作	3	□
总评分				

任务十 传动轴总成的拆卸

学习目标

1. 能正确写出拆卸传动轴总成所需的设备、工具。
2. 能根据维修手册正确使用工具拆卸传动轴总成。
3. 能正确叙述传动轴总成的拆卸方法及注意事项。

任务描述

一辆丰田卡罗拉 1.6L 轿车进店维修，客户反映汽车启动时，传动轴无异响，但汽车行驶或滑行时，传动轴有金属碰撞声，在行驶过程中底盘发出“嗡嗡”声，车速越快，声音越大。经维修技师检查后，建议更换传动轴总成。本任务的主要内容是拆卸传动轴总成。

问题 1：通过观看视频，简述如何拆卸传动轴总成。

____

____

问题 2：传动轴总成拆卸过程中有哪些注意事项？

____

____

相关知识

传动轴是万向传动装置中的主要传力部件，通常用来连接变速器（或分动器）和驱动桥。在转向驱动桥和断开式驱动桥中，则用来连接差速器和驱动车轮。

传动轴分为实心轴和空心轴。为了减轻传动轴的质量，节省材料，提高轴的强度、刚度，传动轴多为空心轴，一般用厚度为1.5~3 mm的薄钢板卷焊而成，超重型货车则直接采用无缝钢管。

转向驱动桥、断开式驱动桥或微型汽车的传动轴通常制成实心轴。传动轴总成的结构如下图所示。

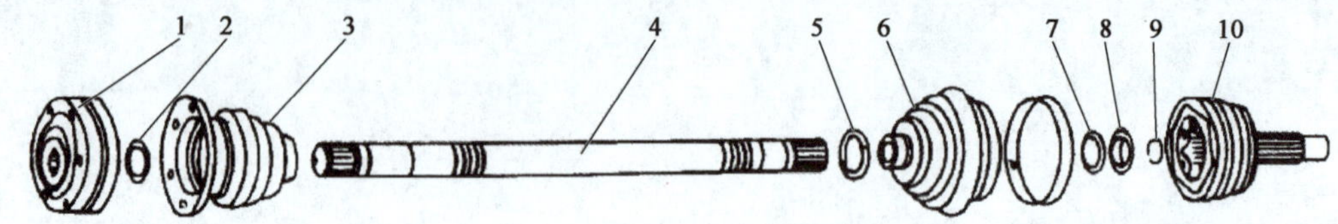

传动轴总成

1—内等速万向节　2、7—锥形座圈　3、6—防尘套　4—传动轴　5—夹箍　8—隔套　9—卡簧　10—外等速万向节

任务准备

1. 工具器材

操作前需要准备以下设备、工具及辅助材料（以单工位为例）。

设备、工具及辅助材料

序号	名称	规格	数量
1	丰田卡罗拉	1.6L	1
2	举升机	剪式	1
3	工具车	JTC 三层	1
4	锤子	—	1
5	錾子	尖扁平	1
6	挂钩	S 形	1
7	球头拆装专用工具	—	1
8	内饰板拆装专用工具套装	—	1
9	棉纱手套	—	若干
10	记号笔	—	1
11	可调式扭力扳手	5 ~ 60 N · m	1

2. 分工及操作

职务	代码	姓名	工作内容
组长	A		
组员	B		
	C		
	D		
	E		

任务实施

下面以丰田卡罗拉 1.6L 车型为例，介绍传动轴总成的拆卸方法。

序号	图示	步骤及技术要点
1		拆下______
2		用内饰板拆装专用工具拆下发动机后部右侧______
3		拆下自动变速器__________和________，排空_______________
4		安装新垫圈和放油螺塞，可调式扭力扳手扭矩为___N·m
5		用______敲击錾子以松开前桥轮毂螺母的锁紧部件 注意：要完全松开前桥轮毂螺母的锁紧部分，否则会损坏______________

续表

序号	图示	步骤及技术要点
6	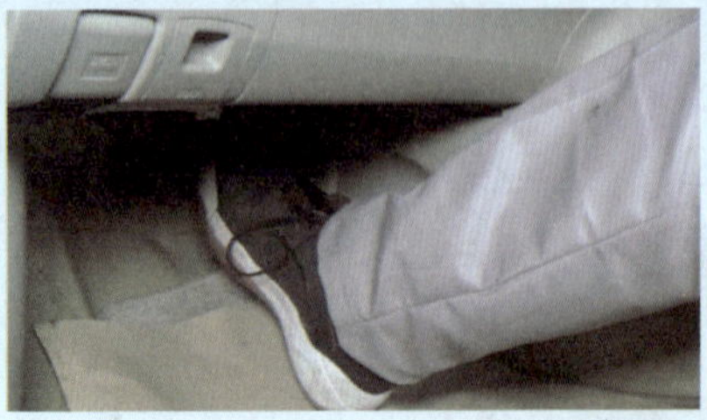 	用一只脚踩住______，防止车轮______，拆下前桥轮毂螺母
7		用内六角扳手固定前减振器的____________，用____________拆下螺母，分离稳定杆连杆总成
8	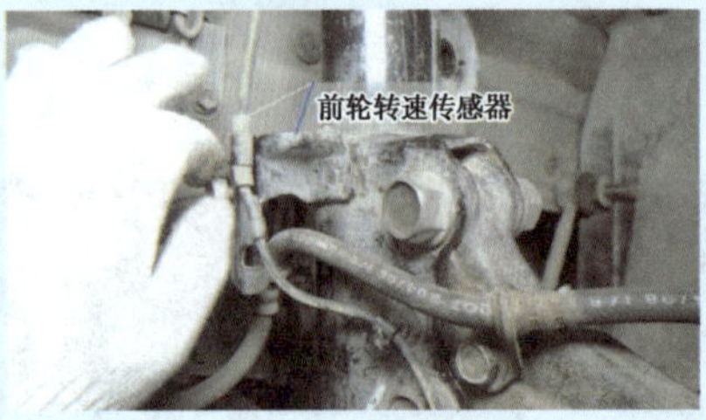 前轮转速传感器	拆下前轮转速传感器线束支架螺栓，分离卡夹和前轮转速传感器
9		拆下前轮转速传感器固定螺栓，从转向节上分离前轮转速传感器 注意：防止异物黏在传感器端部，每次拆下转速传感器时，要______转速传感器的安装孔和转速传感器表面
10		拆下前挠性软管的固定螺栓并分离前挠性软管

续表

序号	图示	步骤及技术要点
11	 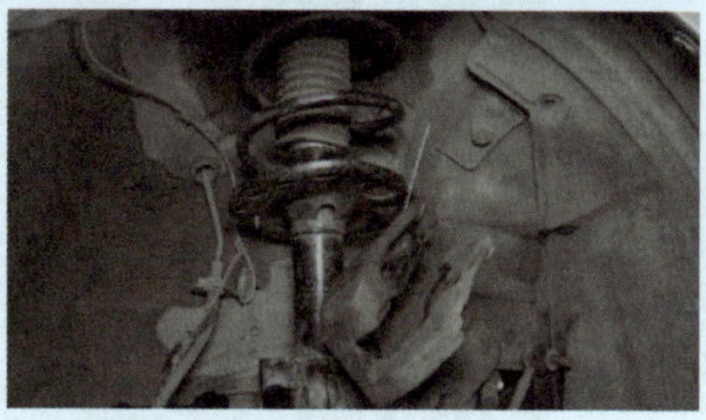	拆下盘式制动器制动钳上的 2 个螺栓，从转向节上分离前盘式制动器制动钳总成 注意：要用_____将________总成挂在螺旋弹簧上，避免__________悬挂在挠性软管上
12	 	用________在制动盘和车桥轮毂上做好装配标记，拆下前制动盘
13	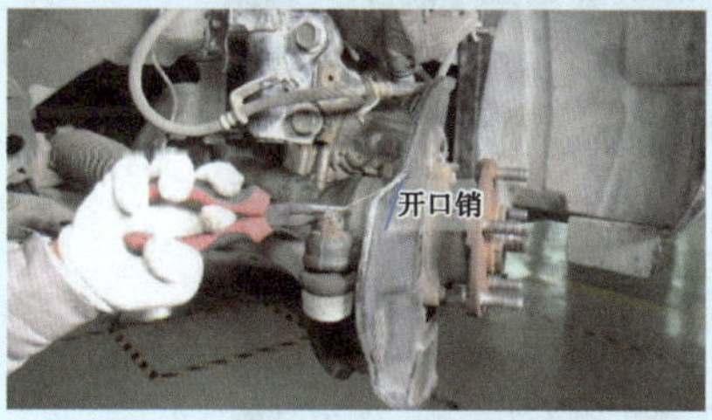 开口销	拆下横拉杆接头上的________和______
14		将______________________安装至横拉杆接头上 注意：确保横拉杆接头上端与____________________对准
15		用球头拆装专用工具从转向节上分离横拉杆接头

续表

序号	图示	步骤及技术要点
16	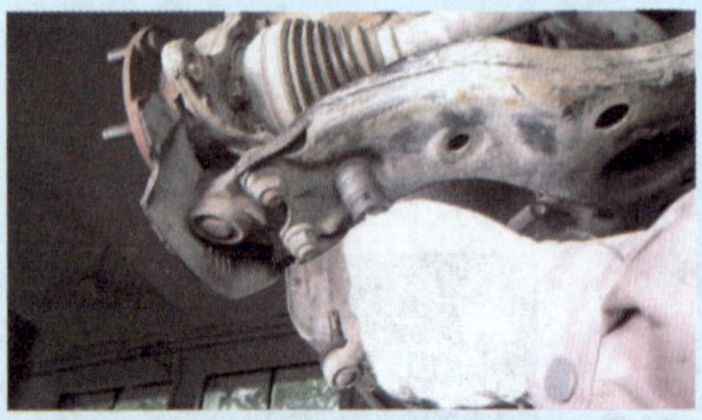	拆下前悬架下臂上的＿＿＿和 2 个螺母，从＿＿＿＿＿＿分离前悬架下臂
17		拆下前减振器总成的 2 个螺栓和 2 个螺母，从＿＿＿＿＿＿上断开带螺旋弹簧的前减振器总成
18	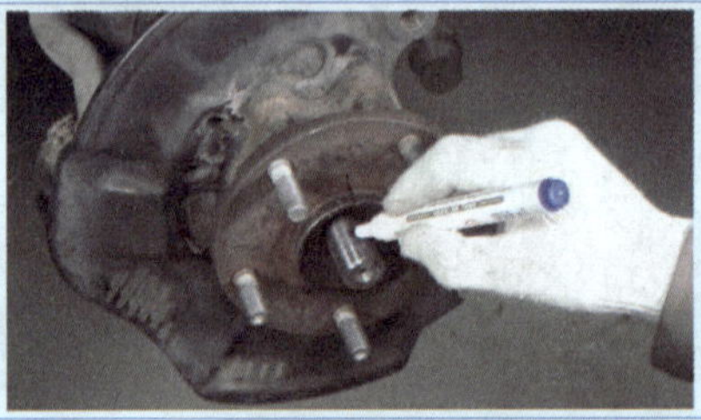	在＿＿＿＿和＿＿＿＿＿总成上做好装配标记
19	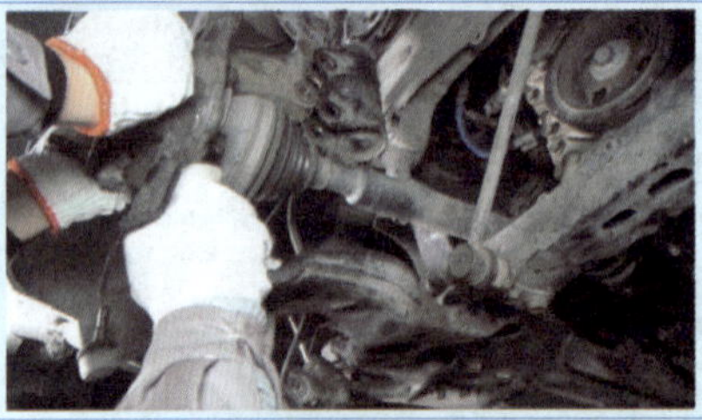	拆下前桥总成
20		拆卸前桥右传动轴总成
21		整理工具，并按照“5S”要求恢复场地

任务评价

项目	作业内容	评价要点	配分	评价
准备工作	场地准备	工位应干净、整洁，地面无油污	1	□
		车辆停靠在举升机合适位置	1	□
	车辆防护	铺设翼子板及前格栅布	2	□
		铺设车内四件套	2	□
	人员防护	工作服穿戴整齐	2	□
		操作时应戴棉纱手套	2	□
	工具、量具检查	检查拆卸工具套装是否齐全、整洁	5	□
操作	操作要点	能拆下前轮	6	□
		能排空自动变速器油	6	□
		能分离稳定杆连杆总成	6	□
		能从转向节上分离制动器制动钳总成	6	□
		能拆下前制动盘	5	□
		能拆卸传动轴总成	6	□
	技术规范	在拆卸前制动盘时，能知道要完全松开前桥轮毂螺母的锁紧部分	5	□
		在拆卸前制动盘时，能知道要清洁转速传感器的安装孔和转速传感器表面	5	□
		能使用挂钩将制动钳总成挂在螺旋弹簧上	5	□
		能使用记号笔对制动盘、车桥轮毂做装配标记	5	□
		能知道横拉杆球头上端要与球头拆装专用工具对准	5	□
职业素养	安全及合作	特殊操作应佩戴安全帽、防酸碱手套或绝缘手套、护目镜等防护用品	5	□
		小组作业时应互相配合、合理分工，不可发生争执	5	□
	“5S”管理	现场无杂物，工具、量具应分类放置，不应有其他安全隐患	3	□
		废弃物应环保处理，废弃油液不可随意排放，应按要求放入指定容器	3	□
		操作环境应保持干净、整齐，及时清理灰尘、杂物等	3	□
		能按照维修手册要求操作，养成良好的作业习惯	3	□
		操作完成后应对工具进行清点、检查，并做好设备维护和保养工作	3	□
总评分				

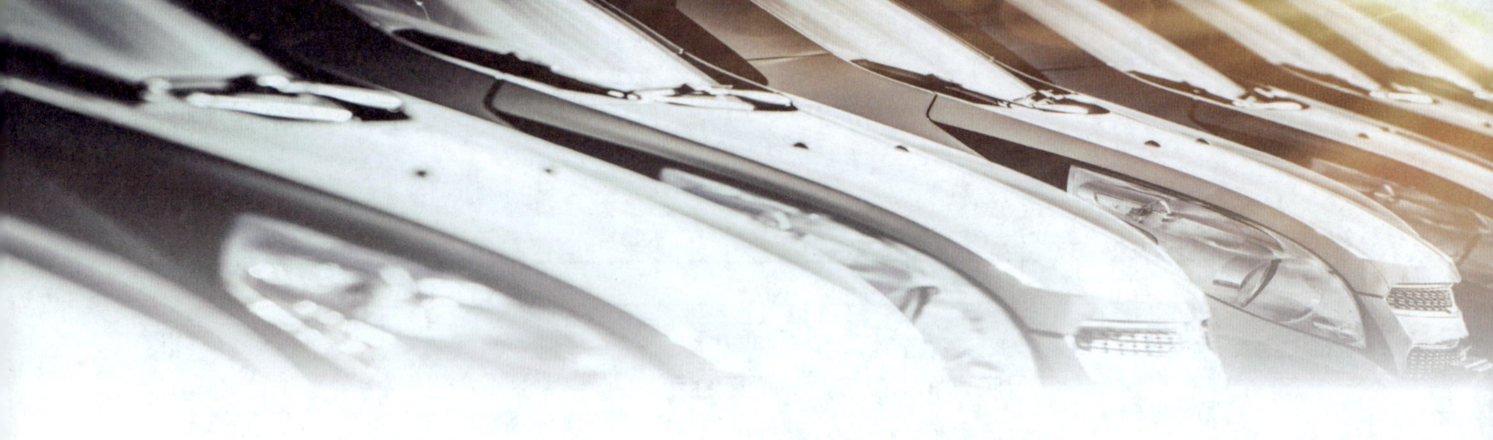

任务十一 传动轴总成的拆解

学习目标

1. 能正确写出拆解传动轴总成所需的设备、工具。
2. 能根据维修手册正确使用工具拆解传动轴总成。
3. 能正确叙述拆解传动轴总成的操作步骤及注意事项。

任务描述

一辆大众朗逸1.4T轿车进店维修，客户反映汽车在行驶过程中底盘发出“嗡嗡”声，且车速越快，声音越大。经维修技师检查后发现传动轴磨损严重，建议对传动轴总成进行检修。在完成传动轴总成的拆卸任务后，本任务的主要内容是传动轴总成的拆解。

问题1：通过观看视频，简述如何拆解传动轴总成。

____

____

问题2：传动轴总成拆解过程中有哪些注意事项？

____

____

任务准备

1. 工具器材

操作前需要准备以下设备、工具及辅助材料（以单工位为例）。

设备、工具及辅助材料

序号	名称	规格	数量
1	大众朗逸轿车	1. 4T	1
2	传动轴	大众朗逸 1. 4T	1
3	台虎钳	0 ~ 200 mm	1
4	工具车	JTC 三层	1
5	内卡簧钳	0 ~ 3 mm	1
6	记号笔	—	1
7	锤子	橡胶	1
8	拉拔器	—	1
9	棉纱手套	—	若干
10	抹布	—	1

2. 分工及操作

职务	代码	姓名	工作内容
组长	A		
组员	B		
	C		
	D		
	E		

任务实施

下面以大众朗逸 1. 4T 车型为例，介绍传动轴总成的拆解方法。

序号	图示	步骤及技术要点
1		用____________拆下外等速万向节防尘罩上的 2 个卡箍
2		用手分离______与____________

续表

序号	图示	步骤及技术要点
3		将_______________装夹在台虎钳上
4	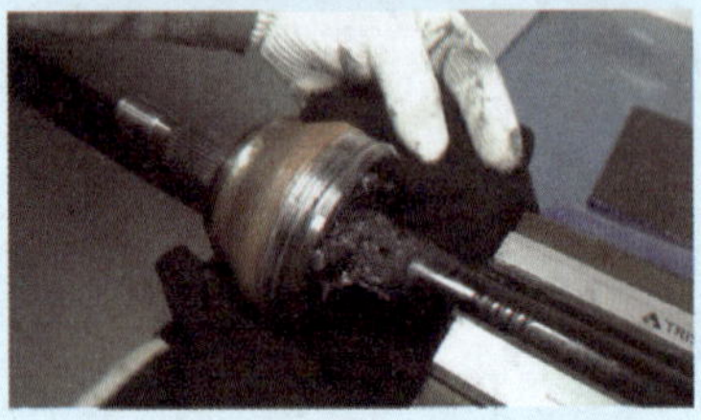	用______清洁外等速万向节和传动轴上的________
5	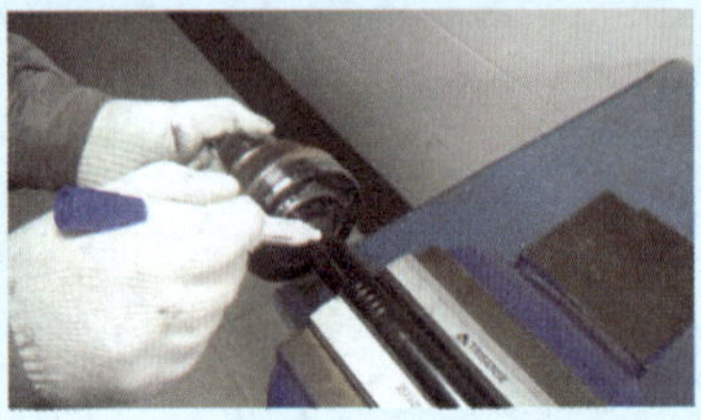	用________在外等速万向节和传动轴上做装配标记 注意：用记号笔画一根连接万向节和传动轴的直线，装配时两标记连成一条______即可
6	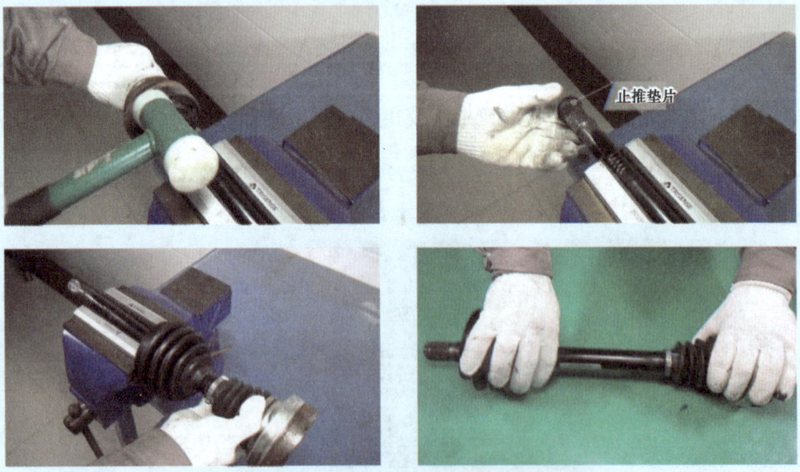 止推垫片	用______将外等速万向节从传动轴上轻轻敲出，取下________，将传动轴从台虎钳上取下并拿下防尘罩
7	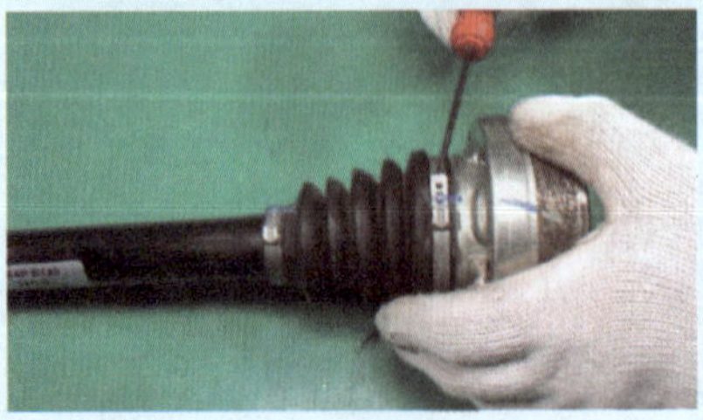	用一字旋具拆下内等速万向节防尘罩的 2 个卡箍

续表

序号	图示	步骤及技术要点
8	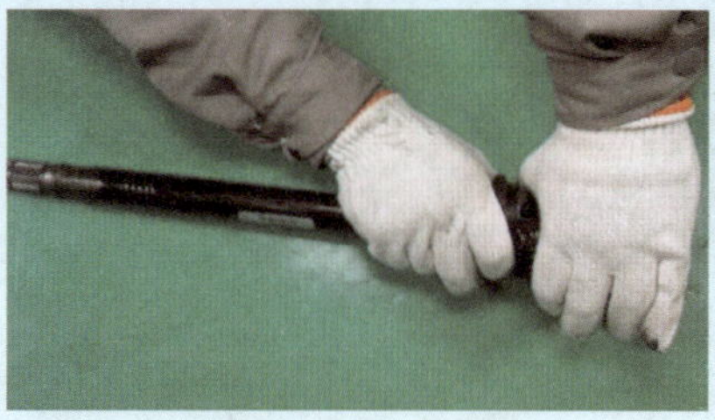	用手将防尘罩与内等速万向节分离，拿下防尘罩
9		将传动轴总成装夹在台虎钳上
10	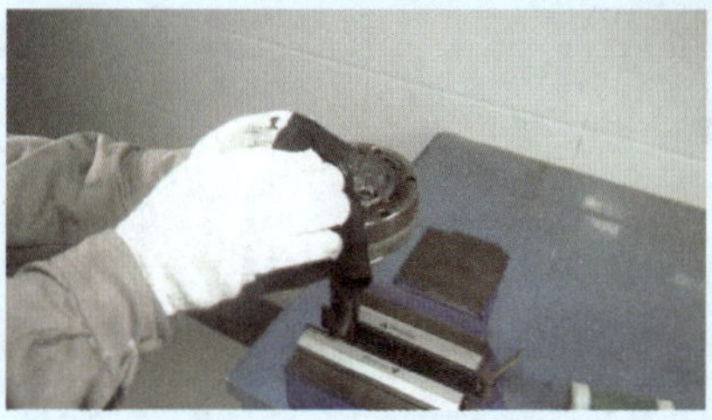 	用______清洁______万向节上的润滑脂，用记号笔在________万向节和________上做装配标记
11	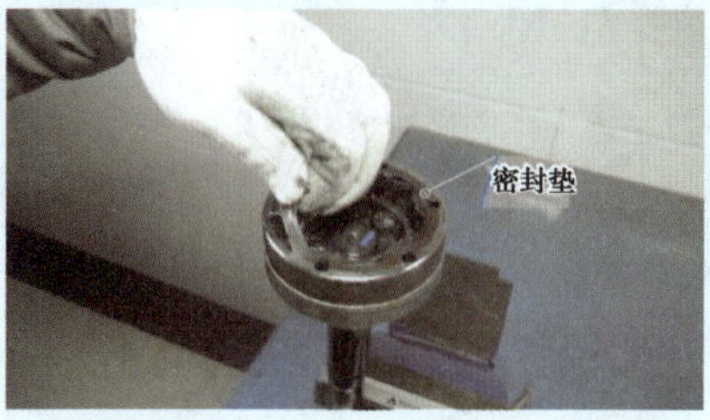	用手拆下内等速万向节上的________
12	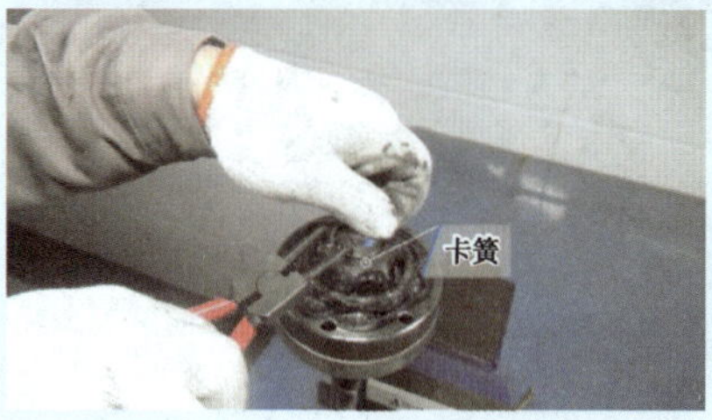	用__________拆下传动轴上的卡簧
13	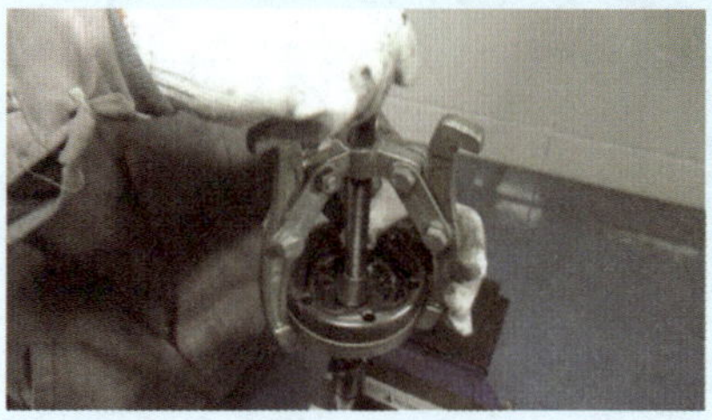	用________拆下内等速万向节

续表

序号	图示	步骤及技术要点
14	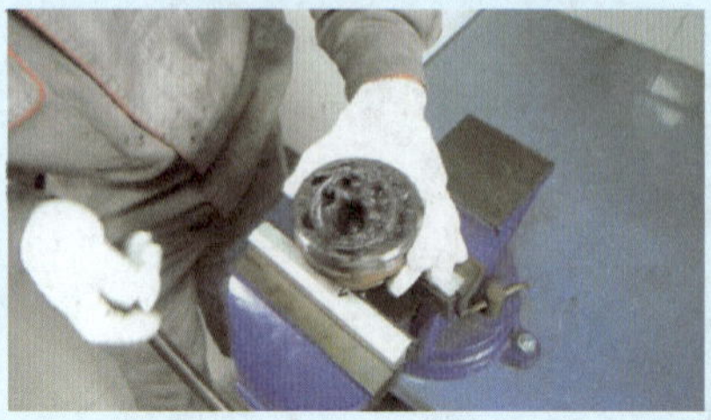	将______万向节装夹在台虎钳上
15	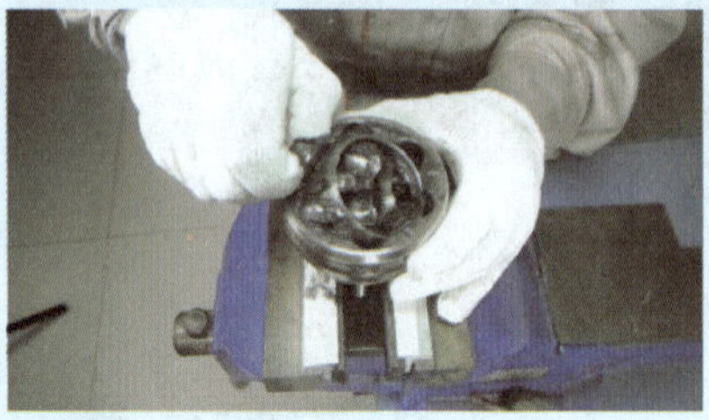	转动球笼和星形套，逐个取出传动钢珠 注意：在分解内、外等速万向节前，必须标记各零部件的________位置，否则零件不能装入初始位置，汽车在行驶时会引起______
16	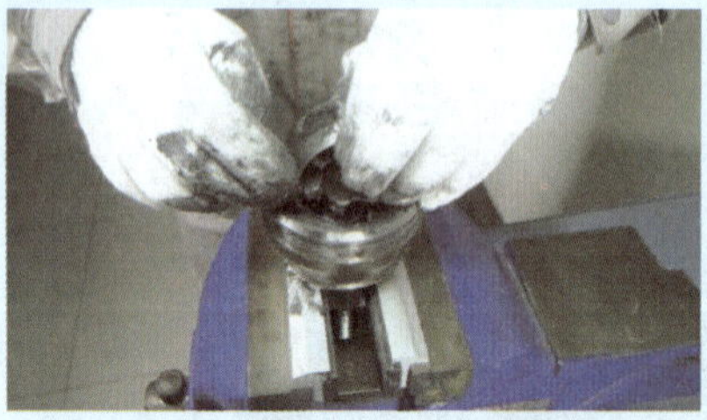	拿出______和________
17	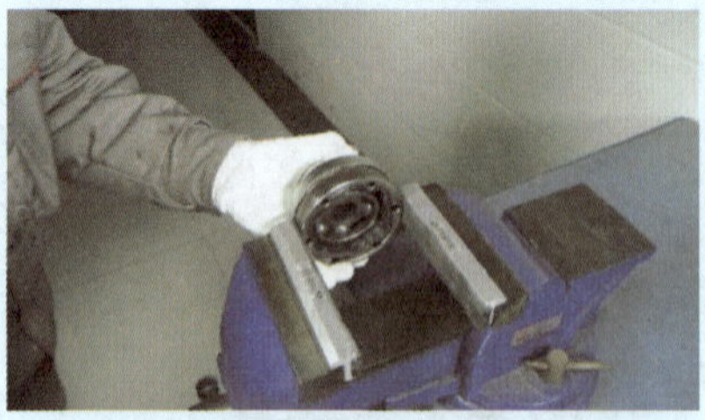	将内等速万向节装夹在台虎钳上
18	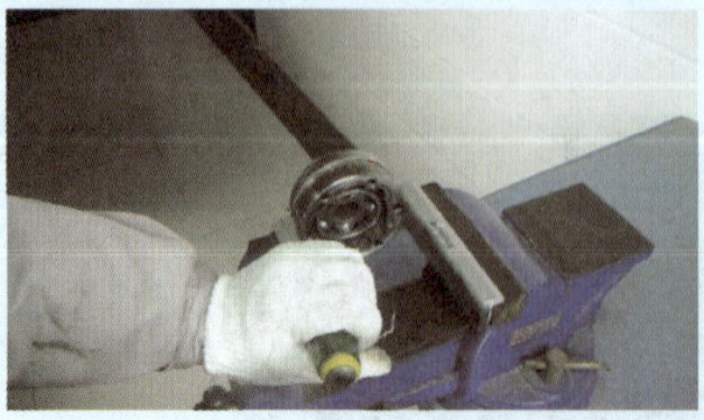	使用________和______敲出内等速万向节上的壳体

续表

序号	图示	步骤及技术要点
19		转动球笼和星形套，逐个取出传动钢珠，拿出_____和_________
20		将内等速万向节从台虎钳上取下
21		整理工具，并按照“5S”要求恢复场地

任务评价

项目	作业内容	评价要点	配分	评价
准备工作	场地准备	工位应干净、整洁，地面无油污	2	□
	设备防护	摆放隔离栏	2	□
		摆放施工作业指示牌	2	□
	人员防护	工作服穿戴整齐	2	□
		操作时应戴棉纱手套	2	□
	工具、量具检查	检查台虎钳规格是否满足工作需要	2	□
		检查拆卸工具套装是否齐全、整洁	3	□

续表

项目	作业内容	评价要点	配分	评价
操作	操作要点	在台虎钳上装夹外等速万向节时，应不损伤外等速万向节表面	9	□
		能用抹布清洁内、外等速万向节和传动轴上的润滑脂	4	□
		能用记号笔在万向节和传动轴上画一条直线，作为装配标记	5	□
		能正确使用拉拔器拆下内等速万向节	9	□
		能正确转动球笼和星形套，逐个取出传动钢珠	9	□
		能妥善放置取出的传动钢珠	9	□
	技术规范	卡箍是一次性消耗品，不能重复使用	10	□
		能知道在分解内、外等速万向节前，必须标记各零部件的初始装配位置	5	□
职业素养	安全及合作	特殊操作应佩戴安全帽、防酸碱手套或绝缘手套、护目镜等防护用品	5	□
		小组作业时应互相配合、合理分工，不可发生争执	5	□
	“5S”管理	现场无杂物，工具、量具应分类放置，不应有其他安全隐患	3	□
		废弃物应环保处理，废弃油液不可随意排放，应按要求放入指定容器	3	□
		操作环境应保持干净、整齐，及时清理灰尘、杂物等	3	□
		能按照维修手册要求操作，养成良好的作业习惯	3	□
		操作完成后应对工具进行清点、检查，并做好设备维护和保养工作	3	□
总评分				

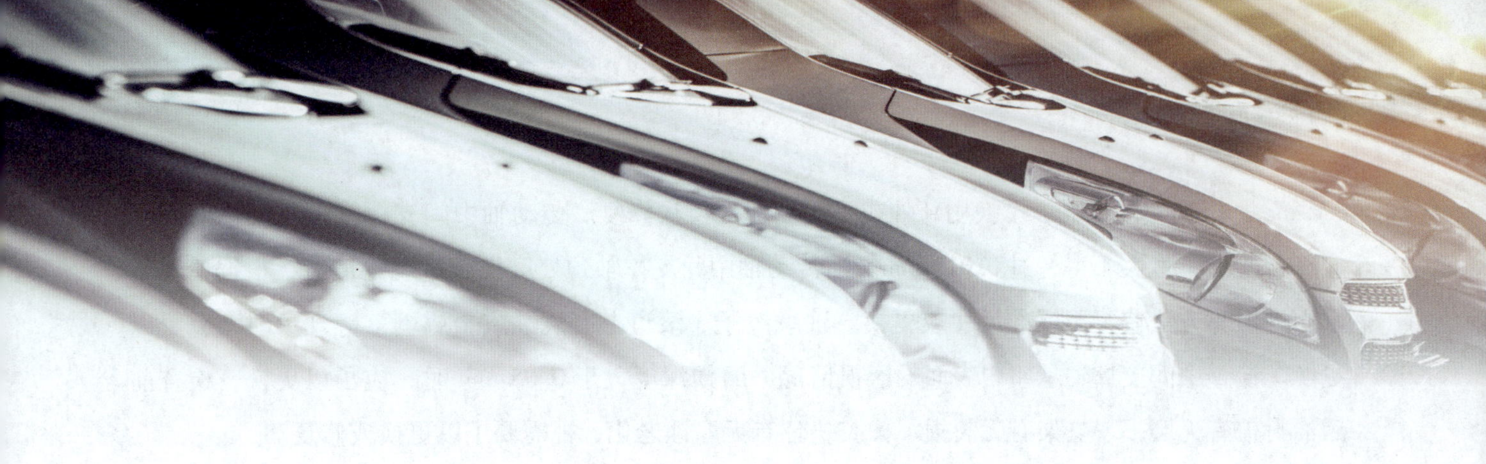

任务十二 传动轴总成的检查

学习目标

1. 能正确写出检查传动轴总成所需的设备、工具。
2. 能根据维修手册正确使用工具检修传动轴总成。
3. 能正确叙述传动轴总成的检修步骤及注意事项。

任务描述

一辆大众朗逸1.4T轿车进店维修，客户反映车辆在行驶过程中底盘发出“嗡嗡”声，且车速越快，声音越大，经维修技师检查后发现传动轴已出现变形、防尘套老化等现象。上一任务中已对传动轴总成拆解完毕，本任务的主要内容是传动轴总成的检查。

问题：传动轴总成检查过程中有哪些注意事项？

____

____

相关知识

检查传动轴总成时，应重点检查中间传动轴和主传动轴的弯曲度、花键轴、伸缩套、支撑轴承及支架等。

轴管全长径向全跳动量使用极限为1.5 mm，当传动轴的弯曲超过规定值时，可在压床上冷压校直。传动轴花键轴、伸缩套的主要损伤是花键齿磨损或横向裂纹。花键齿磨损主要表现在配合副配合侧隙增大，配合侧隙使用极限为0.4 mm。若配合侧隙超过规定值或花键齿宽磨损量超过

0.2 mm，根据实际情况，可换用新件或采用局部更换法修复。传动轴中间支撑轴颈与轴承的配合应符合要求，最大不得超过0.015 mm。当传动轴中间支撑轴颈处磨损超过规定值时，根据情况可采用堆焊等方法修复至标准尺寸或更换。轴承滚子、滚道上有烧蚀或金属剥落等现象时，应予以更换。检查中间支撑轴承座内表面的磨损情况，磨损深度大于0.05 mm时，应予以更换。检查前后油封盖有无磨损、支架有无裂损、橡胶垫环有无腐蚀老化，视需要予以更换或修复。

任务准备

1. 工具器材

操作前需要准备以下设备、工具及辅助材料（以单工位为例）。

设备、工具及辅助材料

序号	名称	规格	数量
1	传动轴	大众朗逸1.4T	1
2	台虎钳	0～200 mm	1
3	百分表及磁性表座	0～10 mm	1
4	V形铁	—	2
5	检验平板	1.8 m ×0.8 m	1
6	清洁剂	—	1
7	棉纱手套/防酸碱手套	—	若干
8	抹布	—	1

2. 分工及操作

职务	代码	姓名	工作内容
组长	A		
组员	B		
	C		
	D		
	E		

任务实施

下面以大众朗逸1.4T车型为例，介绍传动轴总成的检查方法。

序号	图示	步骤及技术要点
1	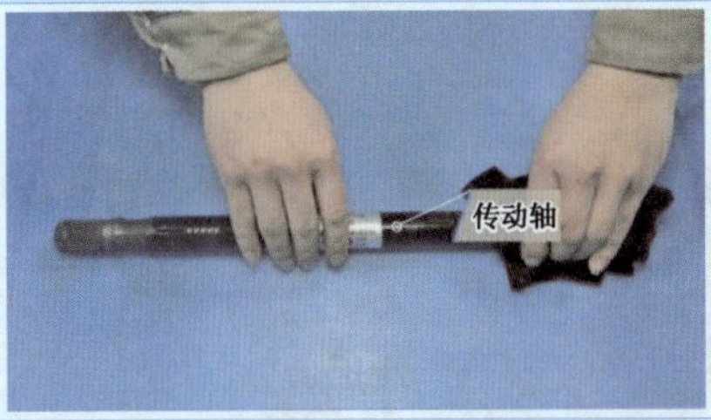	用______和________清洁传动轴上的__________
2	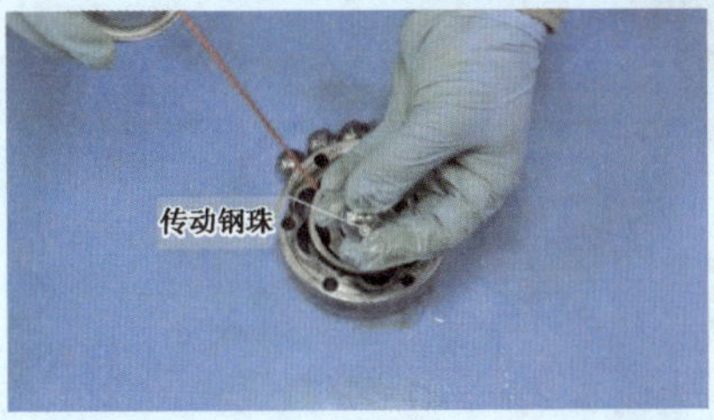 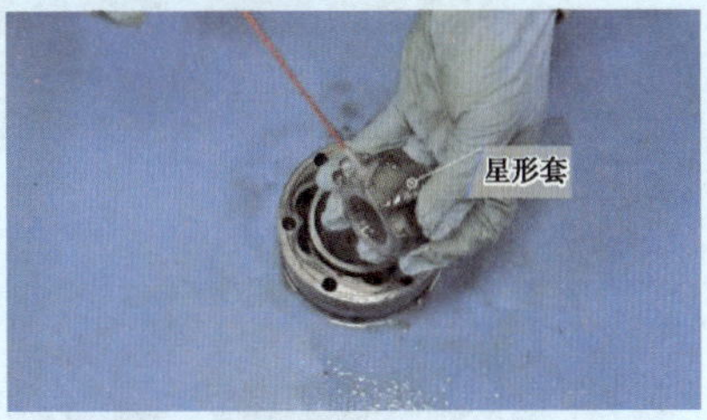 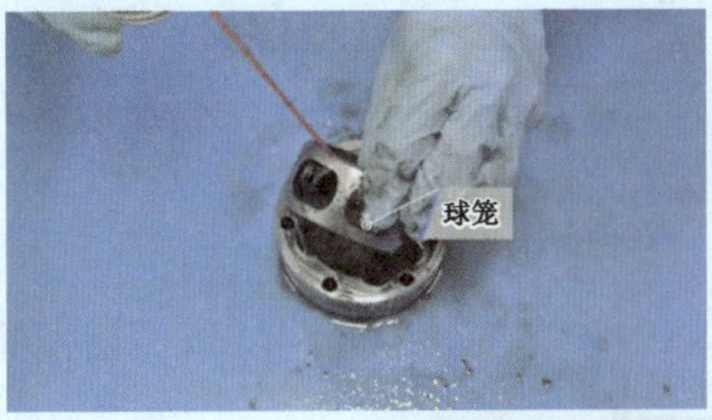 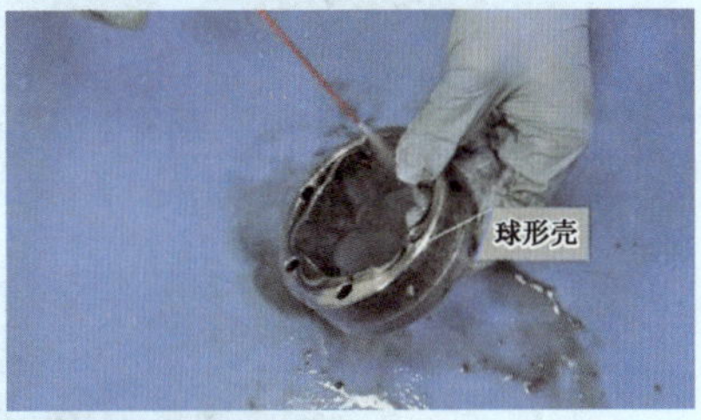	清洁内外等速万向节的____________、______、_______、________和内等速万向节的保护罩等零部件
3		用抹布清洁防尘罩内的______
4		目视检查外等速万向节____________、______及其内部是否有磨损
5	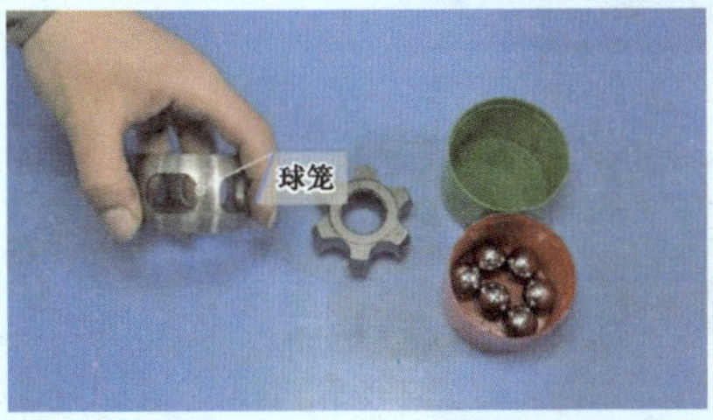 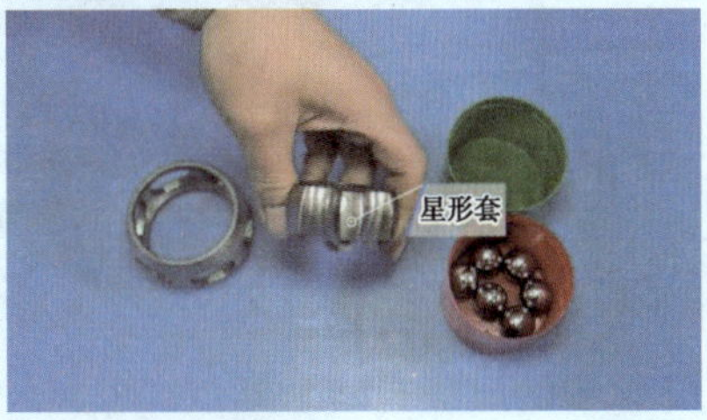 	目视检查外等速万向节的______、________和___________是否有______、______和______

续表

序号	图示	步骤及技术要点
6	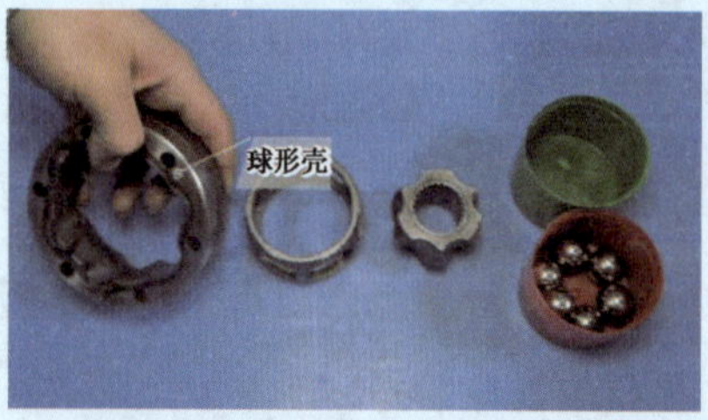	目视检查内等速万向节的___________、_______、_________和___________是否有磨损、压痕和挤压
7		目视检查防尘罩有无______、______、______等现象
8	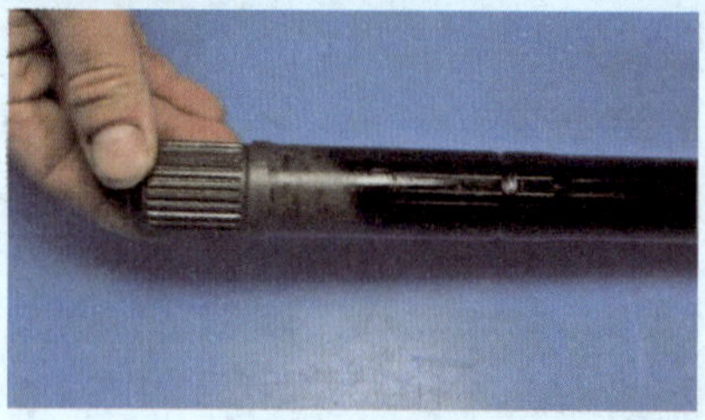	目视检查传动轴是否出现______，____________磨损是否严重
9	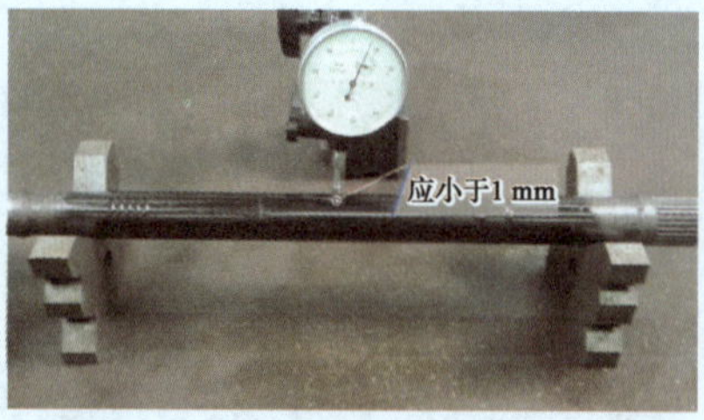	将V形铁放置在检验平板上，用其支撑传动轴两端，用磁性表座固定，用______检查传动轴中间的径向圆跳动误差，正常情况下应小于___mm 注意：用百分表测量传动轴圆跳动时，百分表表杆应______于换向器______，并应缓慢转动传动轴

续表

序号	图示	步骤及技术要点
10		用手转动内外等速万向节，检查是否有______现象
11		整理工具，并按照“5S”要求恢复场地

任务评价

项目	作业内容	评价要点	配分	评价
准备工作	场地准备	工位应干净、整洁，地面无油污	2	□
	设备防护	摆放隔离栏	2	□
		摆放施工作业指示牌	2	□
	人员防护	工作服穿戴整齐	2	□
		清洁内外等速万向节时应戴防酸碱手套	2	□
	工具、量具检查	检查百分表是否能正常工作	5	□

续表

项目	作业内容	评价要点	配分	评价
操作	操作要点	能清洁内外等速万向节的传动钢珠、球笼、星形套等零部件	8	□
		能目视检查内外等速万向节的球笼、星形套和传动钢珠的磨损情况	8	□
		能目视检查防尘罩有无裂纹及破损、老化等现象	8	□
		能目视检查传动轴是否出现裂纹及轴端花键磨损等情况	8	□
		能正确使用百分表及磁性表座检查传动轴中间的径向圆跳动	8	□
		能检查内外等速万向节转动时是否有卡滞	10	□
	技术规范	能使用抹布和清洁剂清洗传动轴、防尘罩上的润滑脂	5	□
		能知道测量传动轴圆跳动时，百分表表杆要垂直于换向器上母线	5	□
职业素养	安全及合作	特殊操作应佩戴安全帽、防酸碱手套或绝缘手套、护目镜等防护用品	5	□
		小组作业时应互相配合、合理分工，不可发生争执	5	□
	“5S”管理	现场无杂物，工具、量具应分类放置，不应有其他安全隐患	3	□
		废弃物应环保处理，废弃油液不可随意排放，应按要求放入指定容器	3	□
		操作环境应保持干净、整齐，及时清理灰尘、杂物等	3	□
		能按照维修手册要求操作，养成良好的作业习惯	3	□
		操作完成后应对工具进行清点、检查，并做好设备维护和保养工作	3	□
总评分				

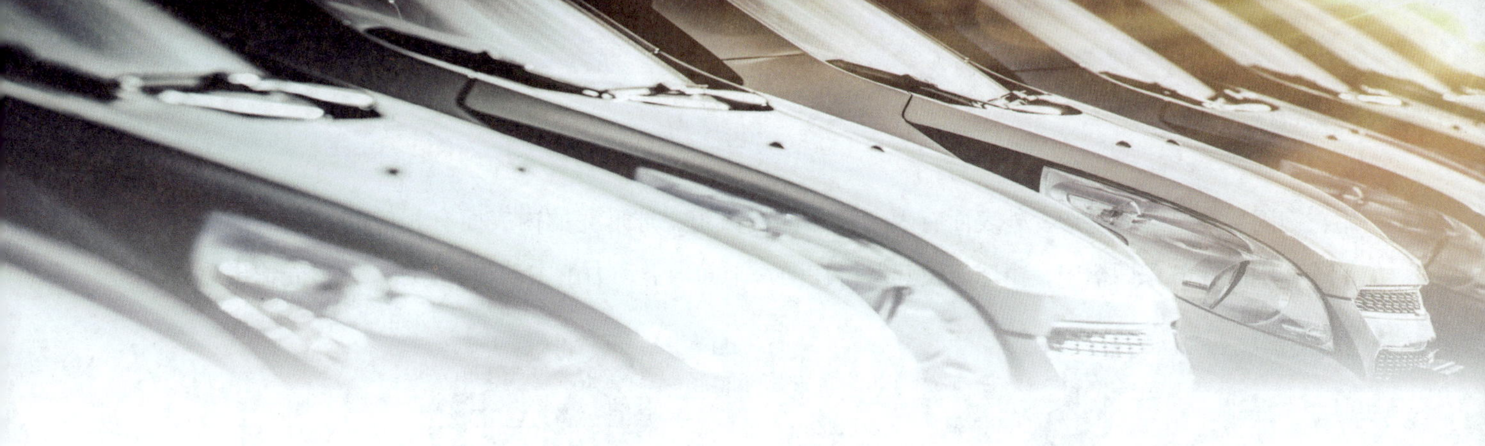

任务十三 传动轴总成的组装

学习目标

1. 能正确写出组装传动轴总成所需的设备、工具。
2. 能根据维修手册正确使用工具组装传动轴总成。
3. 能正确叙述组装传动轴总成的操作步骤及注意事项。

任务描述

传动轴总成检修后，要对星形套、球笼、钢珠、防尘罩等零部件进行组装。本任务的主要内容是组装传动轴总成。

问题：传动轴总成组装过程中有哪些注意事项？

____

____

相关知识

万向节一般分刚性万向节和柔性万向节。刚性万向节按其速度特性分为不等速万向节（十字轴式）、准等速万向节（双联式和三销轴式）和等速万向节（球叉式和球笼式）。在汽车上应用较多的是十字轴式刚性万向节和等速万向节。十字轴式刚性万向节主要用于发动机前置后轮驱动的变速器与驱动桥之间，等速万向节主要用于发动机前置前轮驱动的内、外半轴之间。

等速万向节的常见结构形式有球笼式和球叉式，本任务主要讲述等速万向节中的球笼式万向节。球笼式万向节由六个钢球、星形套、球形壳和保持架等组成，如下图所示。万向节星形套与主动轴用花键固接在一起，星形套外表面有六条弧形凹槽滚道，球形壳的内表面有相应的六条凹槽，六个钢球分别装在各条凹槽中，由球笼使其保持在同一平面内。动力由主动轴、钢球、球形壳输出。

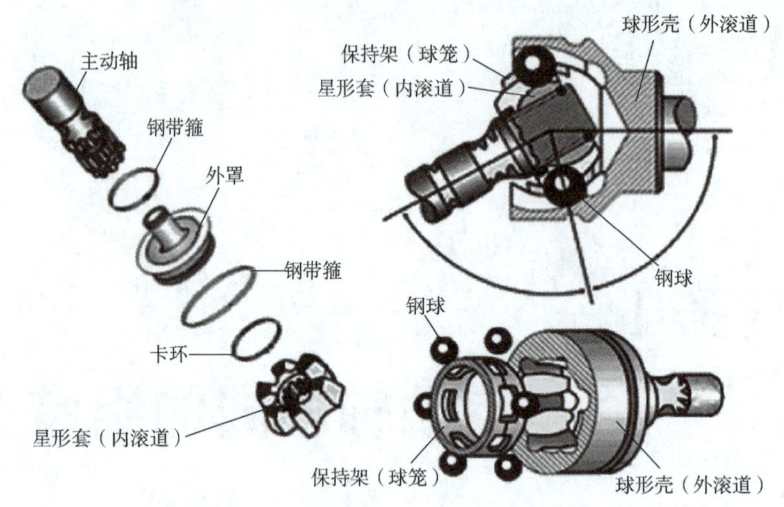

球笼式万向节

 任务准备

1. 工具器材

操作前需要准备以下场地、设备、工具及耗材等（以单工位为例）。

设备、工具及辅助材料

序号	名称	规格	数量
1	传动轴	大众朗逸 1. 4T	1
2	工具车	JTC 三层	1
3	台虎钳	0 ～ 200 mm	1
4	锤子	橡胶	1
5	外卡簧钳	40 ～ 100 mm	1
6	润滑脂	—	若干
7	棉纱手套	—	若干

2. 分工及操作

职务	代码	姓名	工作内容
组长	A		
组员	B		
	C		
	D		
	E		

任务实施

下面以大众朗逸 1.4T 车型为例，介绍传动轴总成的组装方法。

序号	图示	步骤及技术要点
1		将________________________装夹在台虎钳上
2	  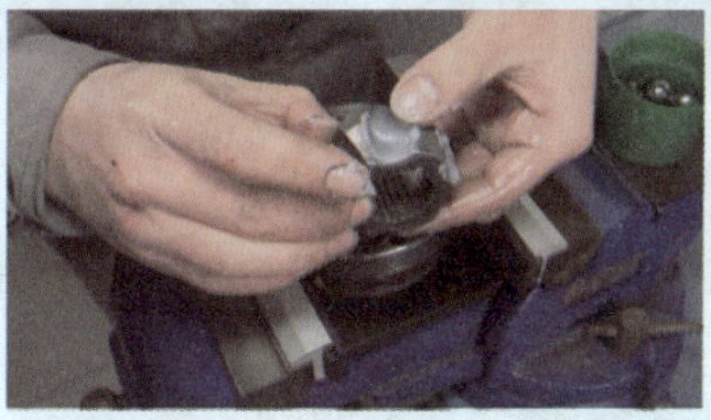	在____________________、__________和______上涂抹适量的润滑脂
3	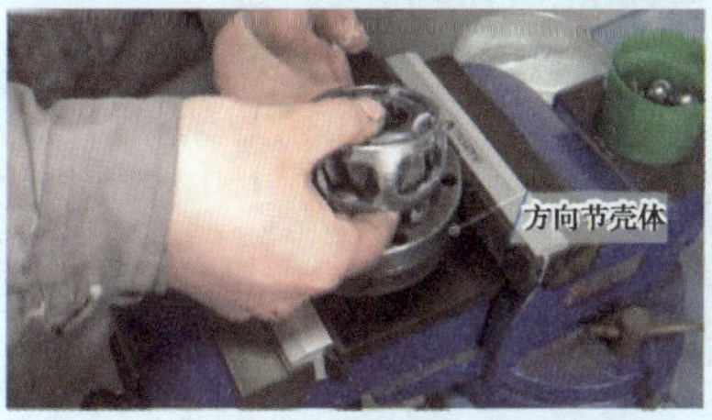	将__________放入球笼内，然后将其整体放入万向节壳体中
4		转动______和__________，逐个装入钢球
5	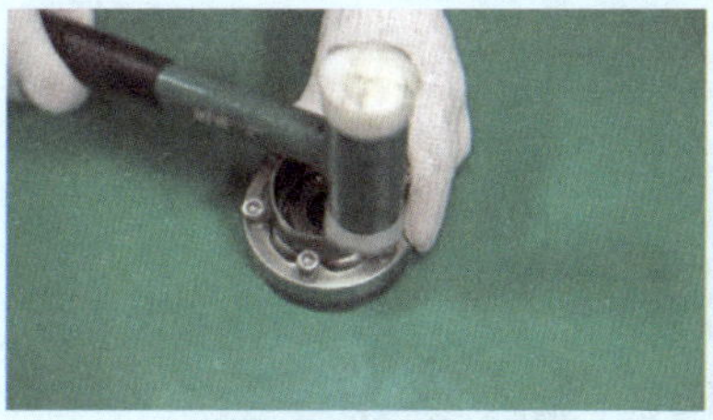	将内等速万向节的壳体套在万向节体上，用螺栓对准安装孔，用锤子轻轻敲击____________，装好万向节壳体

续表

序号	图示	步骤及技术要点
6	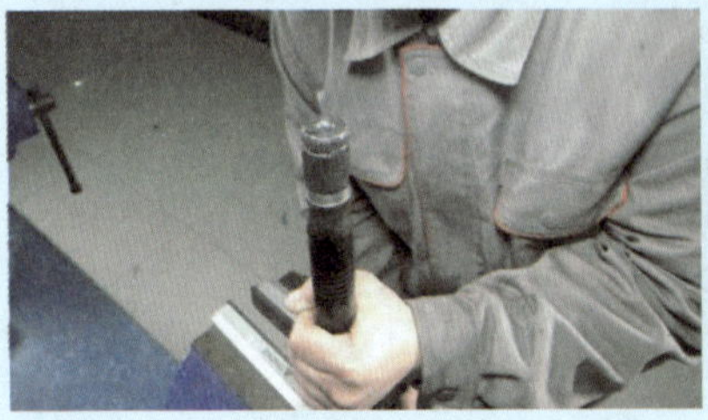 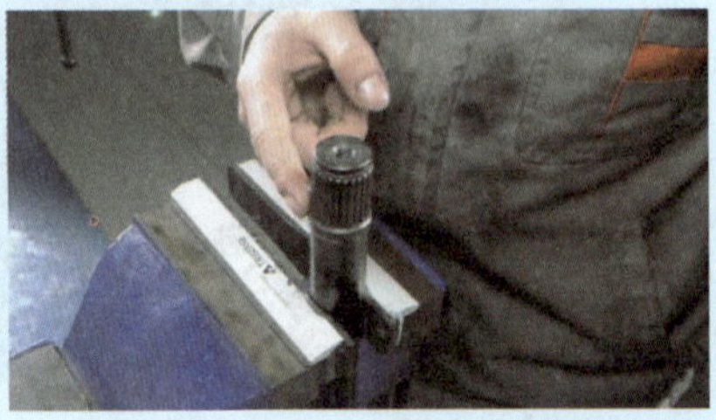	将传动轴装夹在台虎钳上，在_________上涂抹适量的润滑脂 注意：为了防止将汽车零部件夹变形，应在台虎钳上安装__________
7	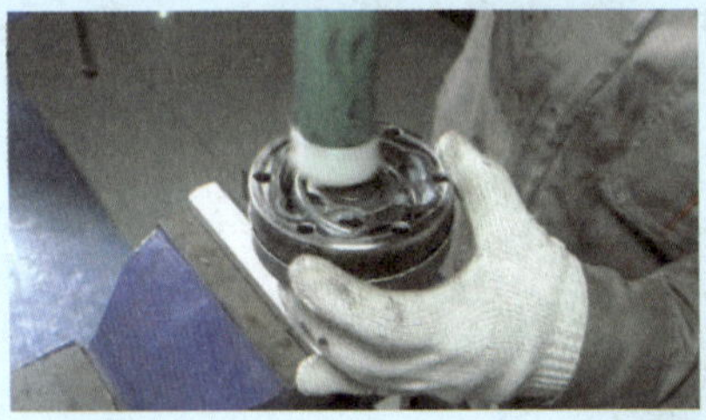 	对准装配标记，用锤子轻轻敲击万向节，将内等速万向节总成安装到传动轴上
8	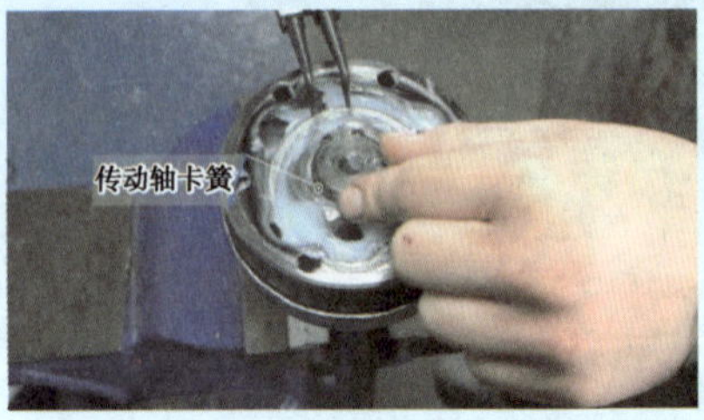	用__________安装传动轴卡簧
9		将__________________装夹在台虎钳上
10		在传动钢珠滚道内、______和_________上涂抹适量的________

续表

序号	图示	步骤及技术要点
11	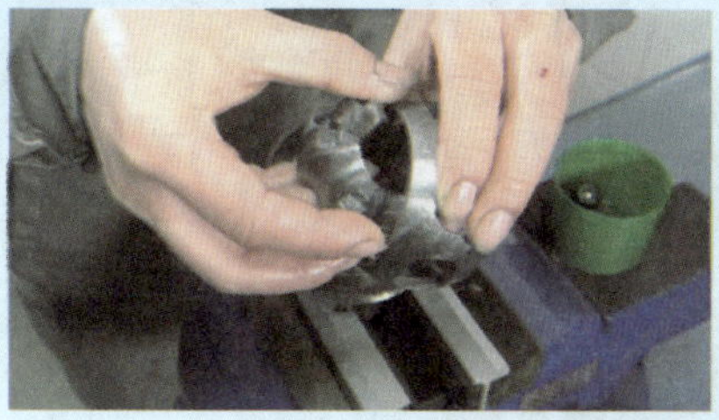 	将________放入球笼内，然后将其整体放入____________中
12		转动______和________，逐个装入钢球
13		将新的卡簧和内、外等速万向节防尘罩初步安装到________上，无须紧固
14		将传动轴总成装夹在台虎钳上
15	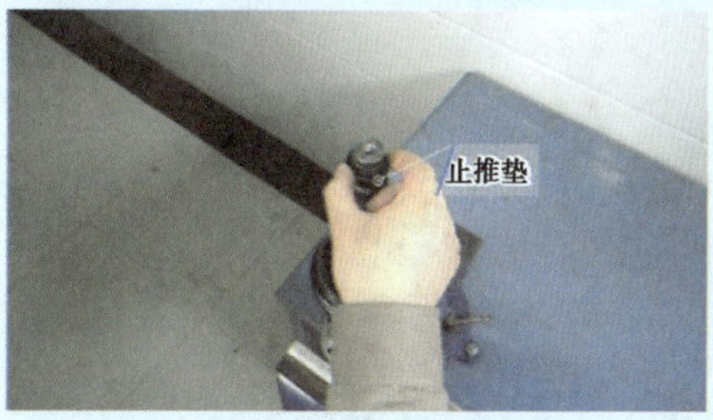	将__________和________安装到传动轴上
16	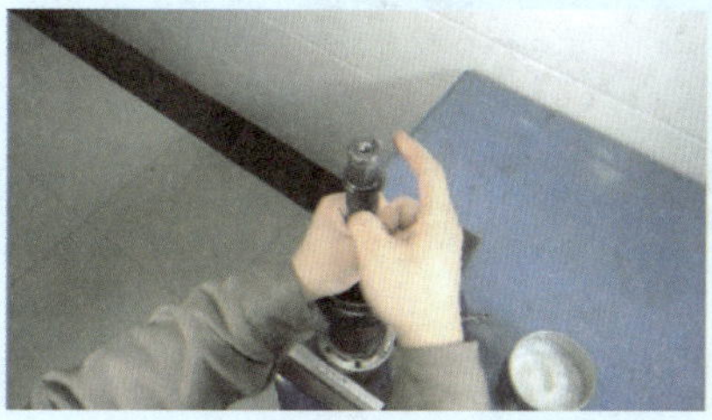	在____________________上涂抹适量润滑脂

续表

序号	图示	步骤及技术要点
17	 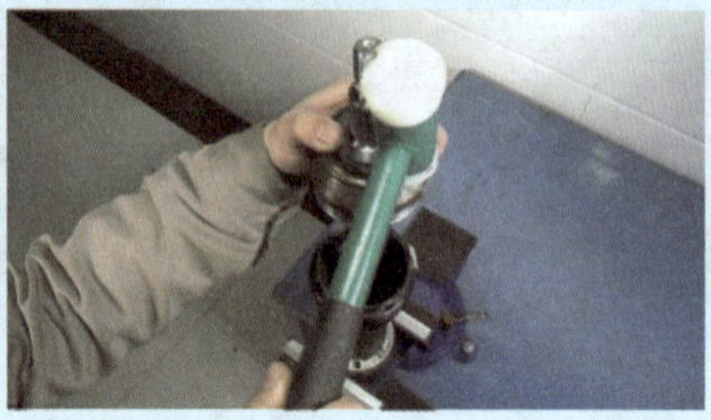	对准外等速万向节的装配标记，用锤子轻轻敲击万向节，将______________装配到位
18		将内、外等速万向节的________套到万向节上，用______紧固
19		检查内、外等速万向节是否能在________上自由转动，并观察有无卡滞现象
20		整理工具，并按照“5S”要求恢复场地

任务评价

项目	作业内容	评价要点	配分	评价
准备工作	场地准备	工位应干净、整洁，地面无油污	2	□
	设备防护	摆放隔离栏	2	□
		摆放施工作业指示牌	2	□
	人员防护	工作服穿戴整齐	2	□
		操作时应戴棉纱手套	2	□
	工具、量具检查	检查台虎钳规格是否满足工作需要	2	□
		检查工具套装是否齐全、整洁	3	□
操作	操作要点	能将星形套放入球笼内，并将其整体放入万向节壳体中	11	□
		能转动球笼和星形套，逐个装入钢球	12	□
		能将碟形弹簧、止推垫安装到传动轴上	12	□
		能将内、外等速万向节安装到传动轴上，并确保无卡滞现象	10	□
	技术规范	能在传动钢珠滚道、星形套、球笼上涂抹润滑脂	5	□
		在组装内等速万向节时，能用锤子轻轻敲击螺栓尾部	5	□
		为防止将汽车零部件夹变形，能在台虎钳上安装软钳口	5	□
职业素养	安全及合作	特殊操作应佩戴安全帽、防酸碱手套或绝缘手套、护目镜等防护用品	5	□
		小组作业时应互相配合、合理分工，不可发生争执	5	□
	“5S”管理	现场无杂物，工具、量具应分类放置，不应有其他安全隐患	3	□
		废弃物应环保处理，废弃油液不可随意排放，应按要求放入指定容器	3	□
		操作环境应保持干净、整齐，及时清理灰尘、杂物等	3	□
		能按照维修手册要求操作，养成良好的作业习惯	3	□
		操作完成后应对工具进行清点、检查，并做好设备维护和保养工作	3	□
总评分				

任务十四 传动轴总成的装配

学习目标

1. 能正确写出装配传动轴总成所需的设备、工具和量具。
2. 能根据维修手册正确使用工具对传动轴总成进行装配。
3. 能正确叙述装配传动轴总成的操作步骤及注意事项。

任务描述

传动轴总成在组装完成后才能够将变速器输出的动力通过差速器传给驱动车轮。上一任务已经完成传动轴总成的组装，本任务的主要内容是传动轴总成的装配。

问题：传动轴总成装配过程中有哪些注意事项？

____

____

任务准备

1. 工具器材

操作前需要准备以下设备、工具及辅助材料（以单工位为例）。

设备、工具及辅助材料

序号	名称	规格	数量
1	丰田卡罗拉轿车	1.6L	1

续表

序号	名称	规格	数量
2	举升机	双柱式	1
3	锤子	橡胶	1
4	自动变速器油/齿轮油	—	若干
5	可调式扭力扳手	60 ~ 340 N · m、 0 ~ 50 N · m	2
6	铜棒	—	1
7	冲子	—	1
8	化油器清洗剂	—	若干
9	棉纱手套	—	若干

2. 分工及操作

职务	代码	姓名	工作内容
组长	A		
组员	B		
	C		
	D		
	E		

任务实施

下面以丰田卡罗拉 1.6L 车型为例，介绍传动轴总成的装配方法。

序号	图示	步骤及技术要点
1		在传动轴内侧万向节轴花键上涂抹______或______
2		将传动轴花键对准变速器的传动轴孔，用______和______将其敲进传动轴 注意：使开口侧______安装卡环

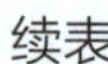

续表

序号	图示	步骤及技术要点
3		对齐装配标记，将前桥传动轴总成安装至__________________
4		用2个螺栓和螺母将前桥总成安装至带螺旋弹簧的前减振器总成，可调式扭力扳手紧固扭矩为____N·m 注意：如果重复使用螺栓和螺母，则将少量_______________涂抹在螺母的螺纹上
5		用2个______和______将前悬架______连接至前下球节，可调式扭力扳手扭矩为___N·m
6		用螺母将前稳定杆连杆总成安装至带螺旋弹簧的前减振器，可调式扭力扳手扭矩为___N·m 注意：如果球节随螺母一起转动，则使用六角扳手固定双头螺栓

续表

序号	图示	步骤及技术要点
7	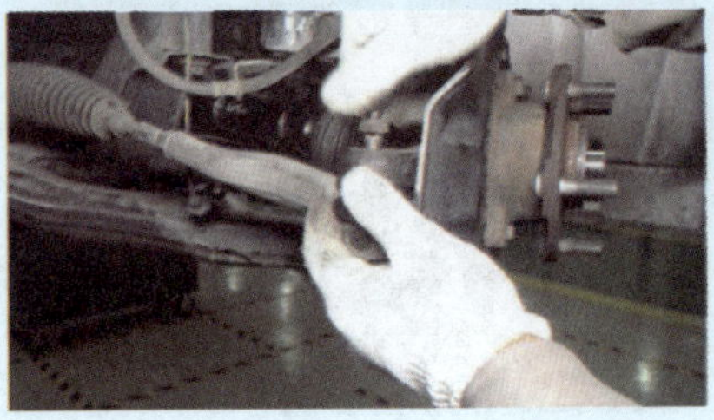	用螺母将右侧横拉杆接头总成连接至转向节，扭矩为____N·m 注意：如果开口销孔未对齐，将螺母进一步拧紧____
8	 开口销	安装开口销
9		对准制动盘和车桥轮毂的装配标记，安装制动盘 注意：换上新制动盘时，应选择制动盘径向跳动______的位置安装
10	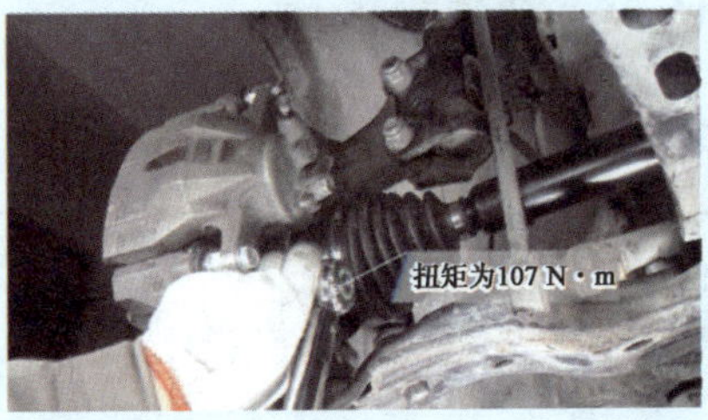 扭矩为107 N·m	用2个螺栓将钳盘式制动器制动钳总成安装至转向节，扭矩为___N·m
11		用螺栓将前挠性软管安装至转向节，扭矩为___N·m

续表

序号	图示	步骤及技术要点
12	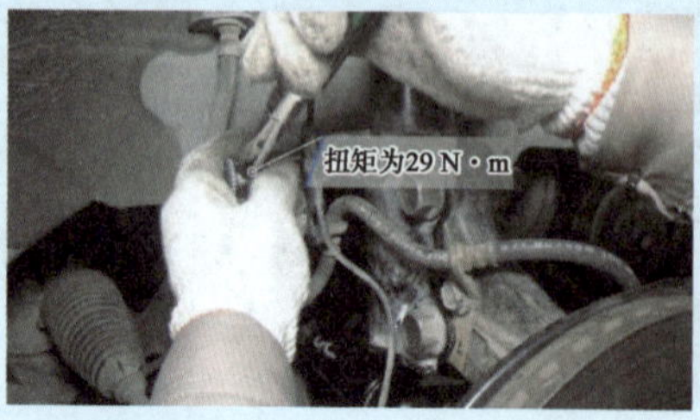 扭矩为29 N·m	用螺栓和卡夹将前轮转速传感器和前挠性软管安装至前减振器，扭矩为___N·m 注意：安装前轮转速传感器时不要扭曲___________
13		用螺栓将前轮转速传感器安装至转向节，扭矩为___N·m
14		用化油器清洗剂清洁传动轴上的螺纹和前桥轮毂螺母
15	 扭矩为216 N·m	用套筒扳手结合可调式扭力扳手安装新前桥轮毂螺母，扭矩为____N·m
16		将_____抵在前桥轮毂螺母与传动轴螺纹处的凹槽上，用_____敲击冲子以锁紧前桥轮毂螺母

续表

序号	图示	步骤及技术要点
17	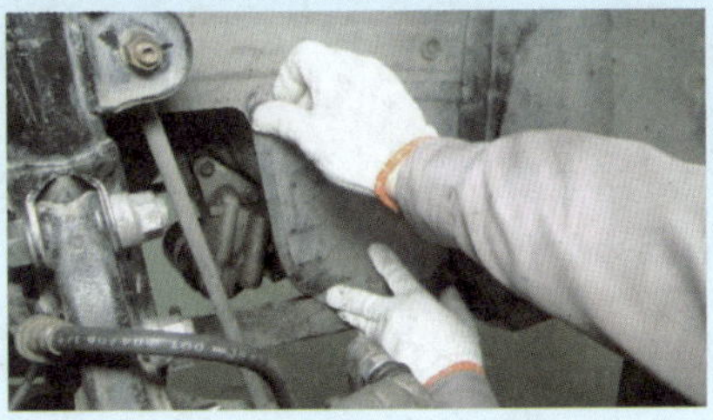	安装发动机后部右侧底罩
18	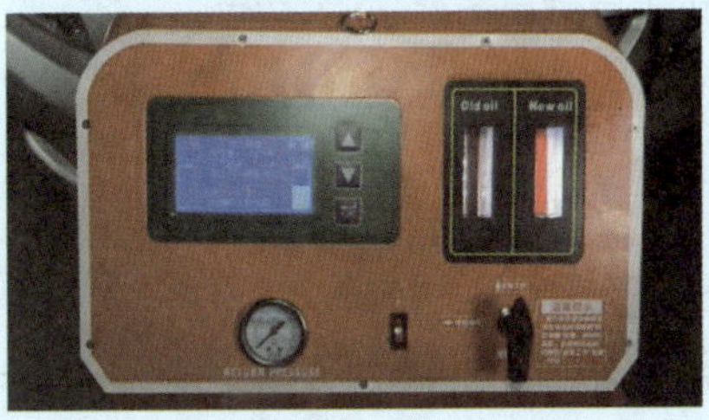	加注自动变速器油，检查自动变速器油液位是否合适
19		安装前轮，扭矩为____N · m 注意：如果汽车在行驶中有____________、___________等现象，则需检查并调整前轮定位
20		整理工具，并按照“5S”要求恢复场地

任务评价

项目	作业内容	评价要点	配分	评价
准备工作	场地准备	工位应干净、整洁，地面无油污	1	□
		车辆停靠在举升机合适位置	1	□
	车辆防护	铺设翼子板及前格栅布	2	□
		铺设车内四件套	2	□
	人员防护	工作服穿戴整齐	2	□
		操作时应戴棉纱手套	2	□
	工具、量具检查	检查自动变速器油加注机是否能正常工作	3	□
		检查工具套装是否齐全、整洁	2	□
操作	操作要点	能用铜棒、锤子将传动轴装入变速器的传动轴孔中	7	□
		能将前桥传动轴总成安装至前桥轮毂总成中	7	□
		能在传动轴内侧万向节轴花键上涂抹齿轮油或自动变速器油	7	□
		能用套筒扳手结合可调式扭力扳手安装新前桥轮毂螺母	9	□
	技术规范	能知道重复使用螺栓和螺母时，要将少量机油涂抹在螺纹上	5	□
		能知道使用六角扳手固定双头螺栓，使球节不能随螺母一起转动	5	□
		能知道将螺母进一步拧紧60°使开口销孔对齐	5	□
		能知道换新制动盘时，应选择制动盘径向跳动最小的位置安装	5	□
		能知道在安装前轮转速传感器时，不能扭曲传感器线束	5	□
		能知道汽车在行驶中有轮胎偏磨、行驶跑偏等现象时，应检查并调整前轮定位	5	□
职业素养	安全及合作	特殊操作应佩戴安全帽、防酸碱手套或绝缘手套、护目镜等防护用品	5	□
		小组作业时应互相配合、合理分工，不可发生争执	5	□
	“5S”管理	现场无杂物，工具、量具应分类放置，不应有其他安全隐患	3	□
		废弃物应环保处理，废弃油液不可随意排放，应按要求放入指定容器	3	□
		操作环境应保持干净、整齐，及时清理灰尘、杂物等	3	□
		能按照维修手册要求操作，养成良好的作业习惯	3	□
		操作完成后应对工具进行清点、检查，并做好设备维护和保养工作	3	□
总评分				

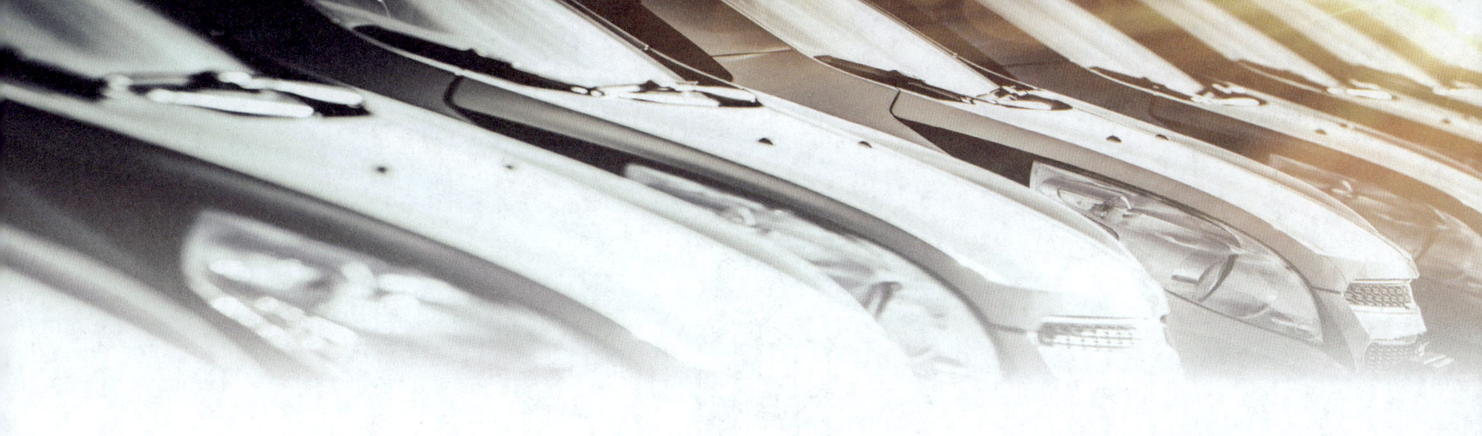

任务十五 后减振器总成的拆卸

学习目标

1. 能正确写出拆卸后减振器总成所需的设备、工具。
2. 能根据维修手册正确使用工具拆卸后减振器总成。
3. 能正确叙述拆卸后减振器总成的操作步骤及注意事项。

任务描述

一辆丰田卡罗拉 1.6L 轿车进店维修，客户反映车辆在紧急制动时会出现剧烈振动、车身前倾明显的现象。经维修技师检查后，建议更换后减振器总成，本任务的主要内容是拆卸后减振器总成。

问题：拆卸后减振器总成时，如何避免坐垫骨架变形？

____

____

相关知识

汽车减振器的主要作用是吸收弹簧变形及反弹时的振动，同时吸收来自地面的冲击力。

汽车上应用较广泛的是双向作用筒式减振器，在高级轿车上也采用充气式减振器。双向作用筒式减振器的结构组成如图 1 所示，充气式减振器的结构组成如图 2 所示。

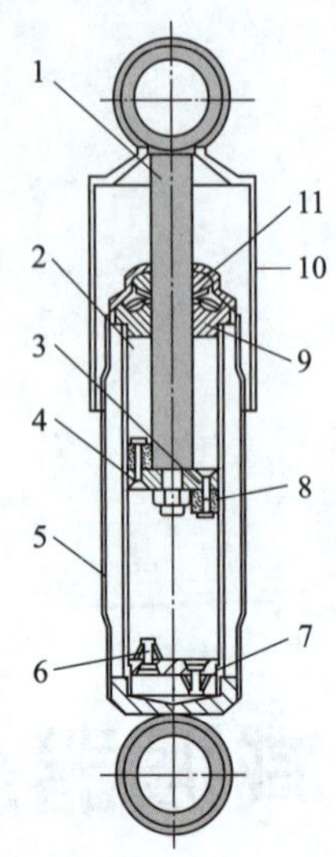

图1　双向作用筒式减振器的结构组成

1—活塞杆　2—工作缸筒　3—活塞　4—伸张阀　5—储油缸筒　6—压缩阀　7—补偿阀　8—流通阀　9—导向座　10—防尘罩　11—油封

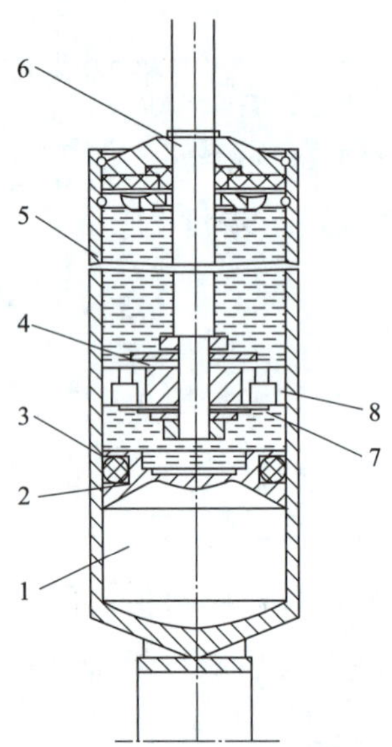

图2　充气式减振器的结构组成

1—密封气室　2—浮动活塞　3—O 形密封圈　4—压缩阀　5—工作缸　6—活塞杆　7—伸张阀　8—工作活塞

任务准备

1. 工具器材

操作前需要准备以下设备、工具及辅助材料（以单工位为例）。

设备、工具及辅助材料

序号	名称	规格	数量
1	丰田卡罗拉轿车	1.6L	1
2	工具车	JTC 三层	1
3	举升机	双柱式	1
4	卧式千斤顶	—	1
5	海绵垫块	—	1
6	内饰板拆装专用工具	—	1
7	棉纱手套	—	若干

2. 分工及操作

职务	代码	姓名	工作内容
组长	A		
组员	B		
	C		
	D		
	E		

任务实施

下面以丰田卡罗拉 1.6L 车型为例，介绍后减振器总成的拆卸方法。

序号	图示	步骤及技术要点
1		将坐垫的 2 个前挂钩从车身脱开，拆下________________________ 注意：坐垫骨架很容易变形，因此应将双手放在挂钩附近抬起坐垫，挂钩分离后再选择脱开一个挂钩

续表

序号	图示	步骤及技术要点
2	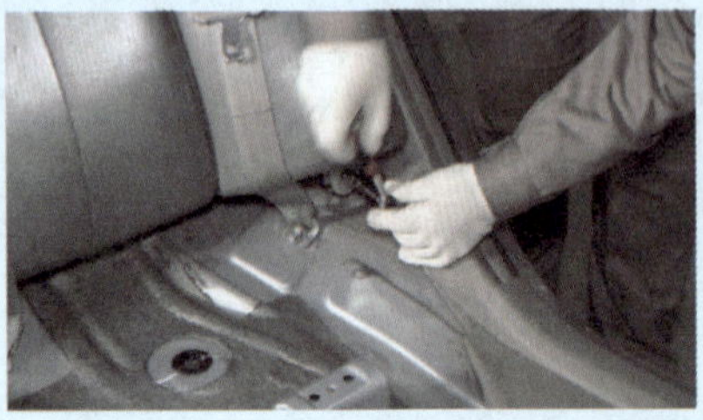 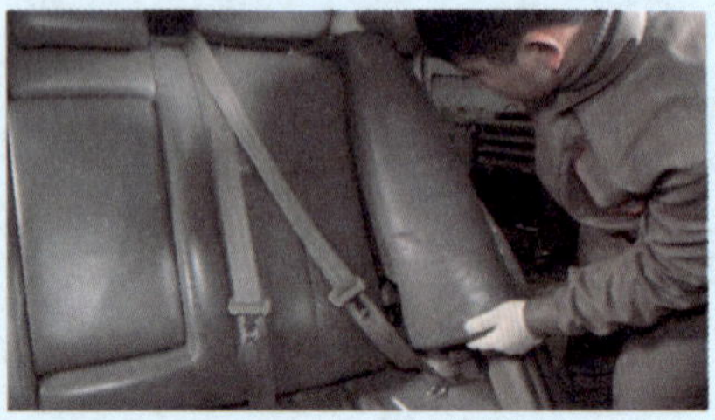	拆下后排左侧座椅靠背总成上的螺栓，移开________，双手握住后排左侧座椅靠背总成，向上移动脱开______并拆下后排左侧座椅靠背总成
3	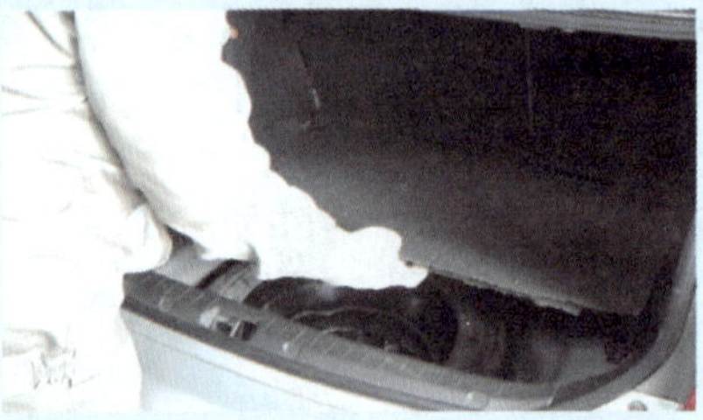	从行李箱中拿出备胎罩
4	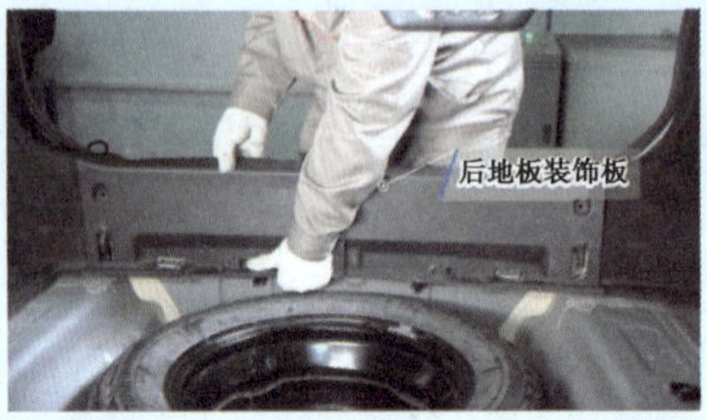	用内饰板拆装专用工具拆下 2 个卡子，脱开 8 个卡夹，拆下后地板装饰板
5	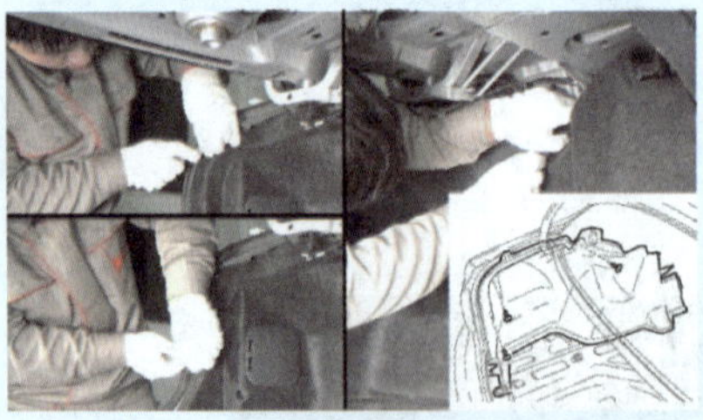	拆下 3 个卡子，拿下行李箱左侧内装饰罩
6		拆下后轮

续表

序号	图示	步骤及技术要点
7		用______________和______________支撑后桥横梁总成的弹簧座 注意：（1）不能直接支撑后桥横梁，以免横梁______，应在卧式千斤顶上放置________或________ （2）不要过度顶起后桥横梁总成，将其压缩至__________ mm的位置支撑起后减振器即可
8	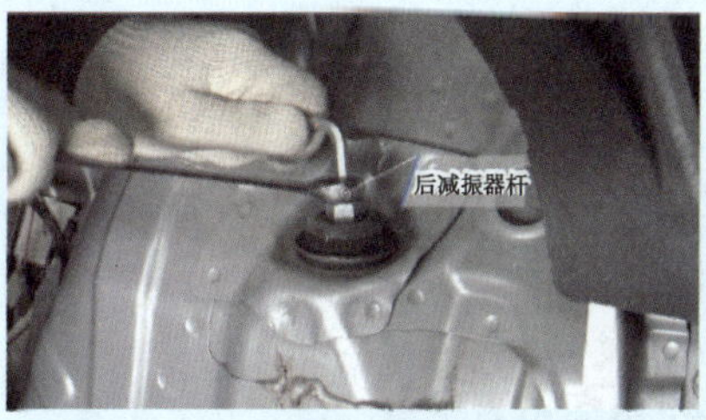	用6 mm内六角扳手固定后减振器杆，拆下锁紧螺母
9	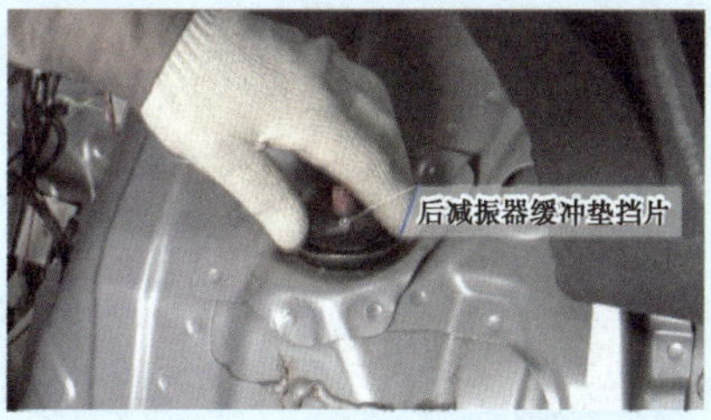	拆下后减振器缓冲垫挡片
10	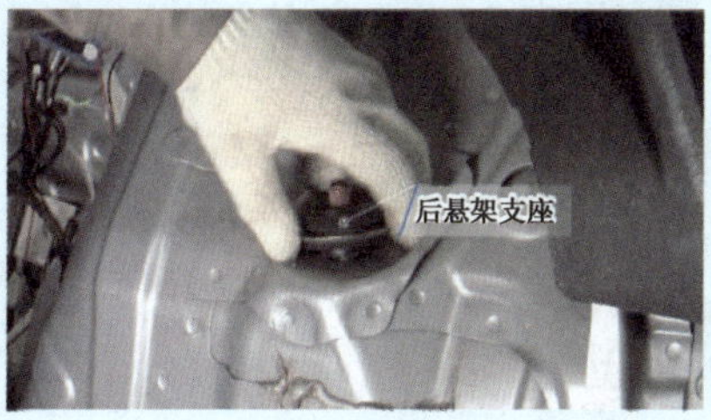	拆下后悬架支座

续表

序号	图示	步骤及技术要点
11	后减振器总成	用____________固定住螺栓，用套筒扳手拆下螺母，拿下后减振器
12		整理工具，并按照“5S”要求恢复场地

任务评价

项目	作业内容	评价要点	配分	评价
准备工作	场地准备	工位应干净、整洁，地面无油污	1	□
		车辆停靠在举升机合适位置	1	□
	车辆防护	铺设翼子板及前格栅布	2	□
		铺设车内四件套	2	□
	人员防护	工作服穿戴整齐	2	□
		操作时应戴棉纱手套	2	□
	工具、量具检查	检查拆卸工具套装是否齐全、整洁	3	□
		检查卧式千斤顶等是否能正常工作	2	□

续表

项目	作业内容	评价要点	配分	评价
操作	操作要点	能将坐垫的 2 个前挂钩从车身脱开， 拆下后排座椅坐垫总成	11	□
		能用内饰板拆装专用工具拆下后地板装饰板及行李箱内装饰罩的卡子	11	□
		能用卧式千斤顶和海绵垫块支撑后桥横梁总成的弹簧座	12	□
		能拆下后减振器缓冲垫挡片及后悬架支座	11	□
	技术规范	能知道将双手放在挂钩附近抬起坐垫， 挂钩分离后再脱开	5	□
		能知道在卧式千斤顶上放置海绵垫块或木块， 以防横梁变形	5	□
		能知道将后桥横梁总成压缩至 20 ~30 mm 的位置支撑后减振器	5	□
职业素养	安全及合作	特殊操作应佩戴安全帽、 防酸碱手套或绝缘手套、 护目镜等防护用品	5	□
		小组作业时应互相配合、 合理分工， 不可发生争执	5	□
	“5S” 管理	现场无杂物， 工具、 量具应分类放置， 不应有其他安全隐患	3	□
		废弃物应环保处理， 废弃油液不可随意排放， 应按要求放入指定容器	3	□
		操作环境应保持干净、 整齐， 及时清理灰尘、 杂物等	3	□
		能按照维修手册要求操作， 养成良好的作业习惯	3	□
		操作完成后应对工具进行清点、 检查， 并做好设备维护和保养工作	3	□
总评分				

任务十六

后减振器总成的安装

学习目标

1. 能正确写出安装后减振器总成所需的设备、工具。
2. 能根据维修手册正确使用工具安装后减振器总成。
3. 能正确叙述后减振器总成安装的操作步骤及注意事项。

任务描述

一辆丰田卡罗拉1.6L轿车进店维修，客户反映汽车在重新安装后减振器后，行驶中会发出“咯咯”声。经维修技师检查后，发现后减振器总成未安装到位，本任务的主要内容是重新安装后减振器总成。

问题1：在安装后减振器时，需要使用什么工具压缩螺旋弹簧？

____

____

问题2：在安装后减振器时，需要将螺旋弹簧压缩至什么位置支撑后减振器总成？

____

____

任务准备

1. 工具器材

操作前需要准备以下设备、工具及辅助材料（以单工位为例）。

设备、工具及辅助材料

序号	名称	规格	数量
1	丰田卡罗拉轿车	1.6L	1
2	工具车	JTC 三层	1
3	举升机	双柱式	1
4	卧式千斤顶	—	1
5	海绵垫块	—	1
6	可调式扭力扳手	0 ~ 150 N · m、 5 ~ 25 N · m	2
7	棉纱手套	—	若干

2. 分工及操作

职务	代码	姓名	工作内容
组长	A		
组员	B		
	C		
	D		
	E		

任务实施

下面以丰田卡罗拉 1.6L 车型为例，介绍后减振器总成的安装方法。

序号	图示	步骤及技术要点
1	弹簧座	用卧式千斤顶和海绵垫块支撑____________的弹簧座 注意：____________________
2	后减振器总成	用螺栓和螺母将后减振器总成暂时紧固到____________上

续表

序号	图示	步骤及技术要点
3		慢慢升起千斤顶并将后减振器杆上部插入安装孔 注意：在将螺旋弹簧压缩至________mm 的位置支撑起后减振器总成
4	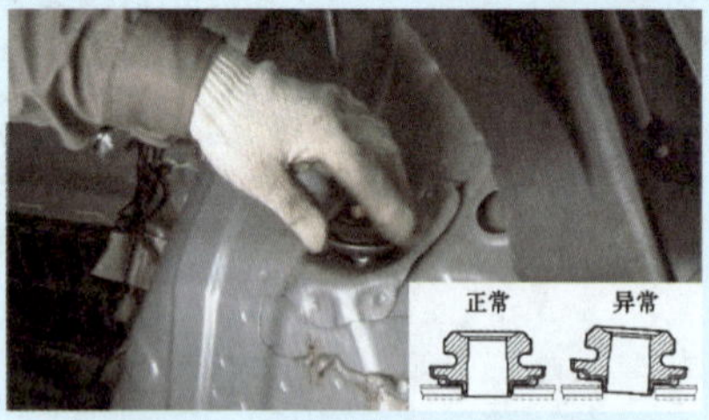 正常 异常	将后悬架支座安装到减振器杆上部 注意：不要______安装后悬架支座
5	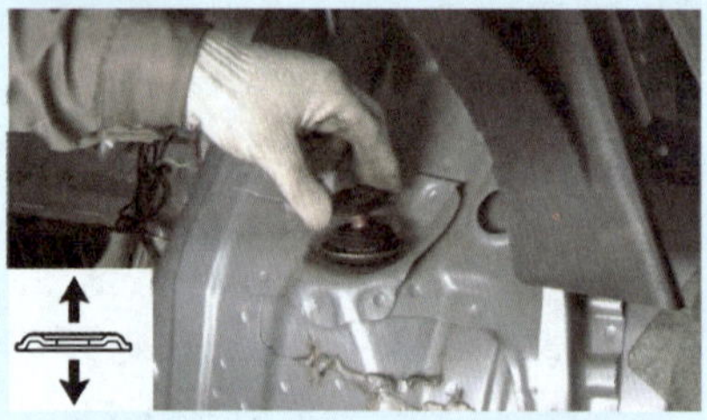	将后减振器缓冲垫挡片安装到后悬架支座上 注意：________________________________
6	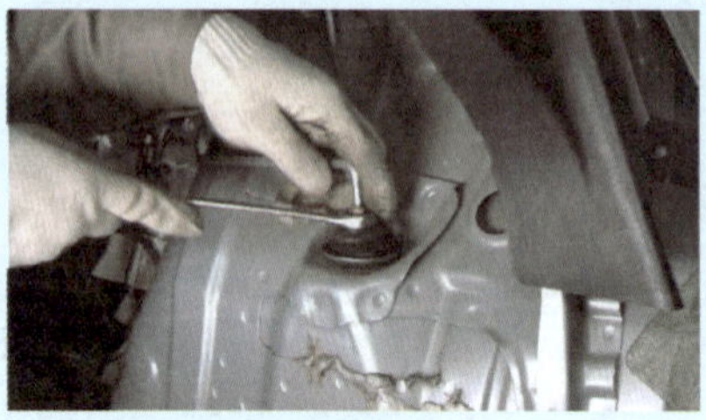	用____mm 内六角扳手紧固后减振器总成，用可调式扭力扳手拧紧锁紧螺母，扭矩为____N · m
7	 扭矩为103 N · m	安装后轮，可调式扭力扳手扭矩为____N · m
8	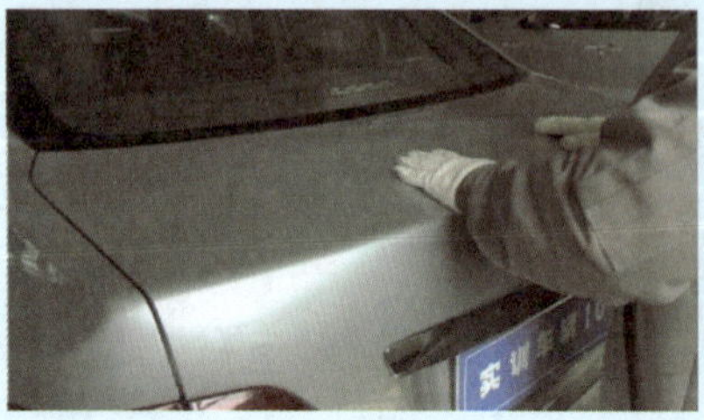	降下车辆并使其上下弹跳几次，以稳定后悬架

续表

序号	图示	步骤及技术要点
9	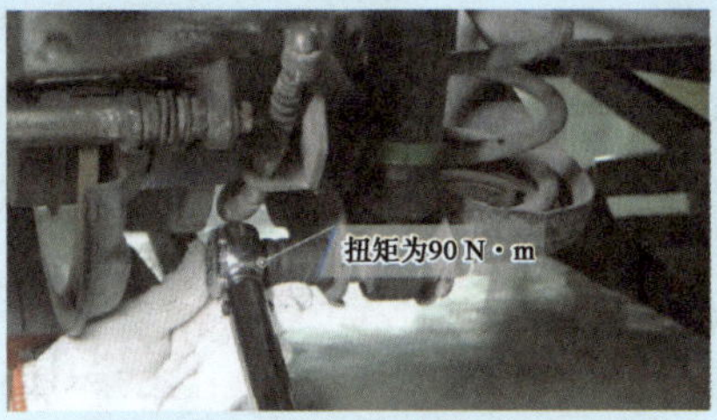	拧紧后减振器下部的紧固螺栓，完全紧固后减振器，可调式扭力扳手扭矩为___N·m
10	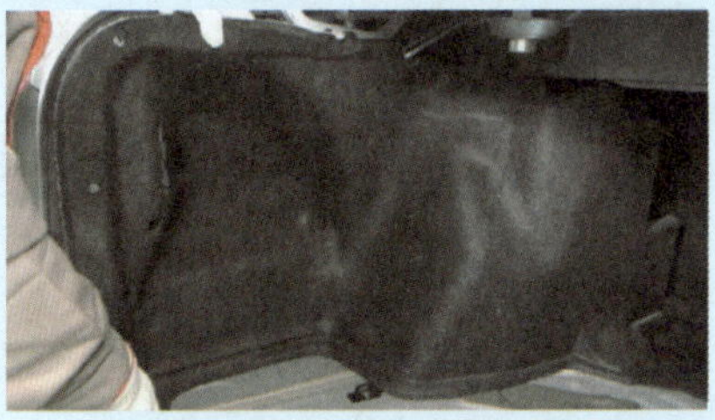	将行李箱左侧内装饰罩安装到车身上，用3个卡子固定
11	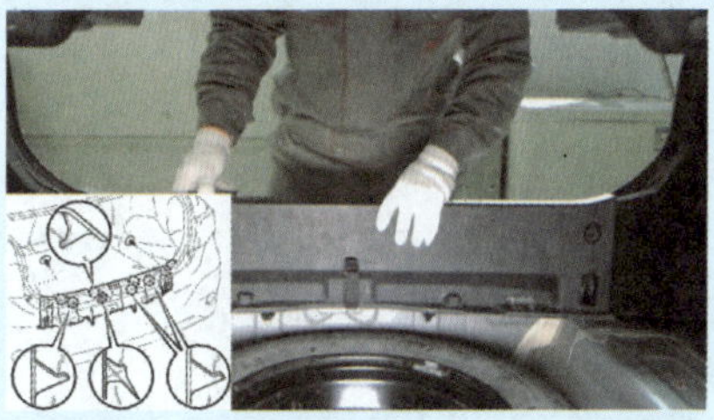	接合后地板装饰板的8个卡夹，安装2个卡子，装好后地板装饰板
12	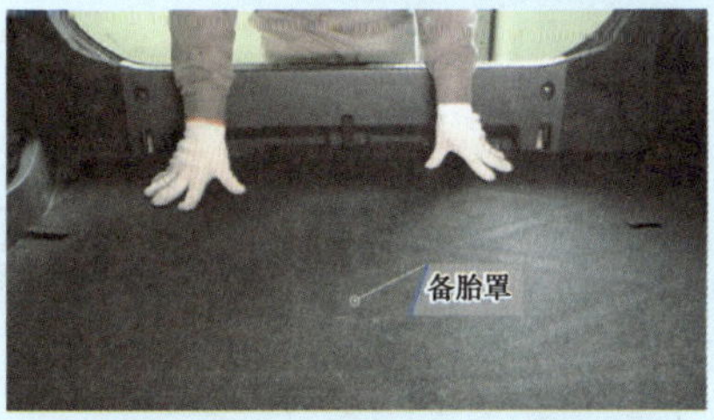	将备胎罩放入行李箱中
13	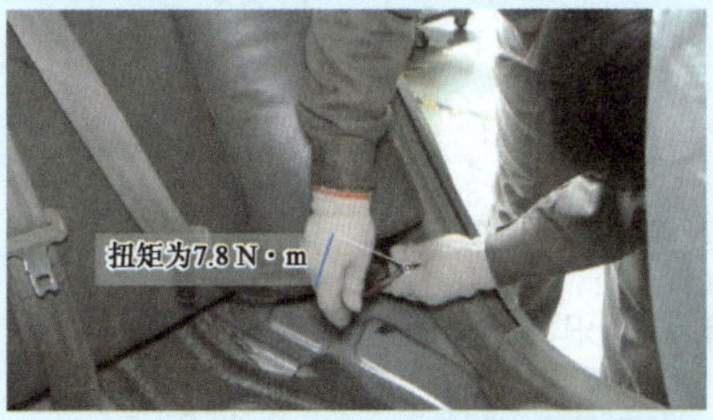	双手握住后排左侧座椅靠背总成，向下移动接合导销，用螺栓安装后排左侧座椅靠背总成，可调式扭力扳手扭矩为___N·m
14	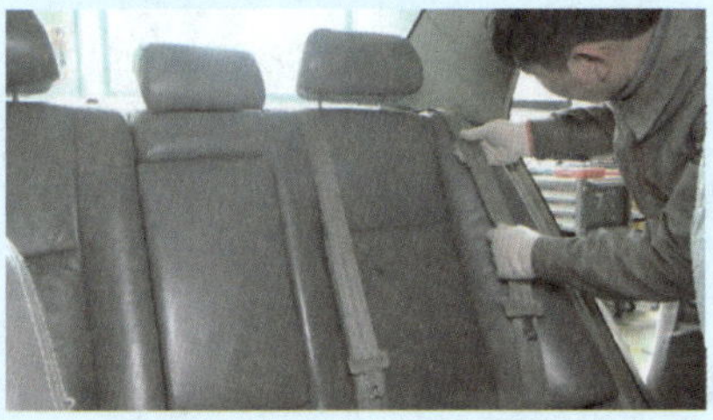	将安全带放回初始位置

续表

序号	图示	步骤及技术要点
15		将坐垫的两个后挂钩连接到座椅靠背上，将坐垫的两个前挂钩连接到车身上，确认坐垫安装稳固 注意：安装坐垫时，确保________ ________未压在座椅坐垫底下
16		整理工具，并按照“5S”要求恢复场地

任务评价

项目	作业内容	评价要点	配分	评价
准备工作	场地准备	工位应干净、整洁，地面无油污	1	□
		车辆停靠在举升机合适位置	1	□
	车辆防护	铺设翼子板及前格栅布	2	□
		铺设车内四件套	2	□
	人员防护	工作服穿戴整齐	2	□
		操作时应戴棉纱手套	2	□
	工具、量具检查	检查卧式千斤顶等是否能正常工作	3	□
		检查安装工具套装是否齐全、整洁	2	□
操作	操作要点	能用卧式千斤顶和海绵垫块支撑后桥横梁总成的弹簧座	9	□
		能将后减振器缓冲垫挡片安装到后悬架支座上	9	□
		能按规定力矩拧紧后减振器下部的紧固螺栓	9	□
		能将坐垫的前、后挂钩分别连接到座椅靠背上和车身上	8	□
	技术规范	能知道不要过度顶起后桥横梁总成	5	□
		能知道将螺旋弹簧压缩至 20 ~ 30 mm 的位置支撑起后减振器总成	5	□
		能知道不要倾斜安装后悬架支座	5	□
		能掌握减振器缓冲垫挡片的安装方向	5	□
		能知道降下车辆后应使车辆上下弹跳几次，以稳定后悬架	5	□

续表

项目	作业内容	评价要点	配分	评价
职业素养	安全及合作	特殊操作应佩戴安全帽、防酸碱手套或绝缘手套、护目镜等防护用品	5	□
		小组作业时应互相配合、合理分工，不可发生争执	5	□
	“5S”管理	现场无杂物，工具、量具应分类放置，不应有其他安全隐患	3	□
		废弃物应环保处理，废弃油液不可随意排放，应按要求放入指定容器	3	□
		操作环境应保持干净、整齐，及时清理灰尘、杂物等	3	□
		能按照维修手册要求操作，养成良好的作业习惯	3	□
		操作完成后应对工具进行清点、检查，并做好设备维护和保养工作	3	□
总评分				

任务十七 前减振器总成的拆卸

学习目标

1. 能正确写出拆卸前减振器总成所需的设备、工具。
2. 能根据维修手册正确使用工具拆卸前减振器总成。
3. 能正确叙述前减振器总成拆卸的操作步骤及注意事项。

任务描述

一辆丰田卡罗拉1.6L轿车进店维修，客户反映车辆在遇到路面不平或驾驶条件差的道路时，摇晃和颠簸明显。经维修技师检查后，建议更换前减振器总成。本任务的主要内容是拆卸前减振器总成。

问题：在更换前减振器时，为什么要将螺旋弹簧一同拆下？

____

____

相关知识

减振器的作用是使车身和车轮的振动迅速衰减，增加汽车驾驶的安全性和乘坐舒适性。减振器安装在车轮悬架与车身之间。车轮和车身的振动频率不同，减振器对两种不同频率的振动都具有衰减作用。如果车辆行驶过程中出现明显的颠簸或振动，则需要对减振器进行检查和维修。

任务准备

1. 工具器材

操作前需要准备以下设备、工具及辅助材料（以单工位为例）。

设备、工具及辅助材料

序号	名称	规格	数量
1	丰田卡罗拉轿车	1. 6L	1
2	工具车	JTC 三层	1
3	举升机	双柱式	1
4	卧式千斤顶	—	1
5	海绵垫块	—	1
6	指针式扭力扳手	0 ~ 300 N · m	1
7	棉纱手套	—	若干

2. 分工及操作

职务	代码	姓名	工作内容
组长	A		
组员	B		
	C		
	D		
	E		

任务实施

下面以丰田卡罗拉 1. 6 车型为例，介绍前减振器总成的拆卸方法。

序号	图示	步骤及技术要点
1		拆下刮水器电动机总成

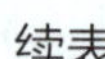
续表

序号	图示	步骤及技术要点
2	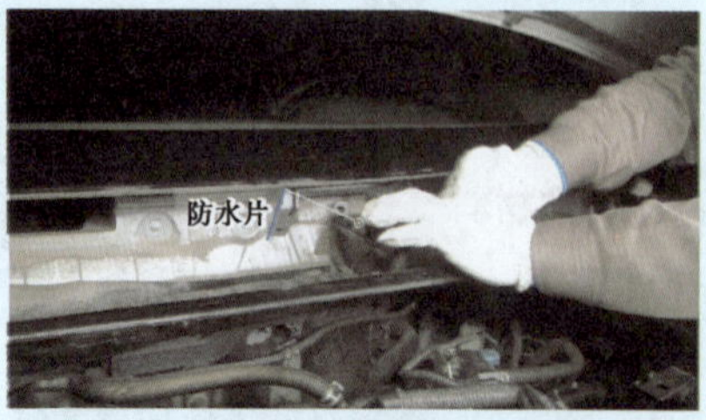	脱开______________，使防水片向右侧弯曲
3	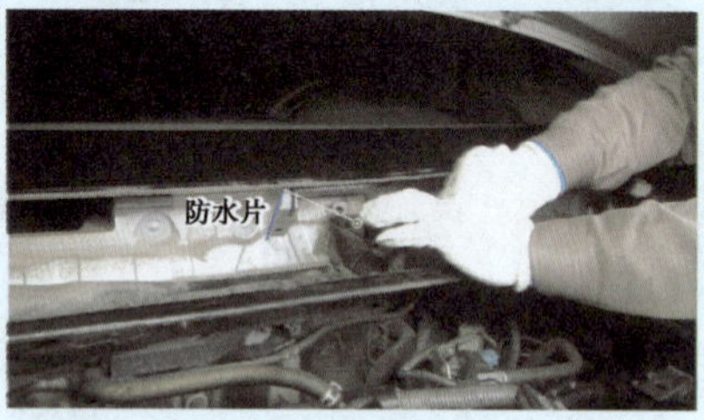	脱开刮水器电动机线束卡夹
4	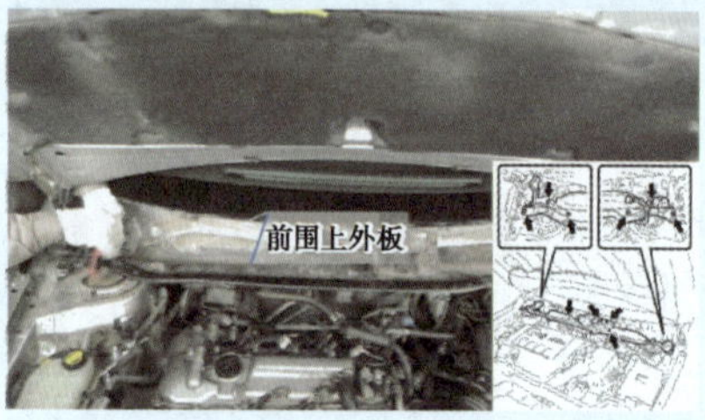	拆下前围上外板上的 10 个螺栓，拿下前围上外板
5		拆下前轮
6		用手拆下前悬架支座防尘罩
7		从带螺旋弹簧的前减振器上拆下螺母 注意：如果球节随螺母转动，则使用__________固定双头螺栓

续表

序号	图示	步骤及技术要点
8	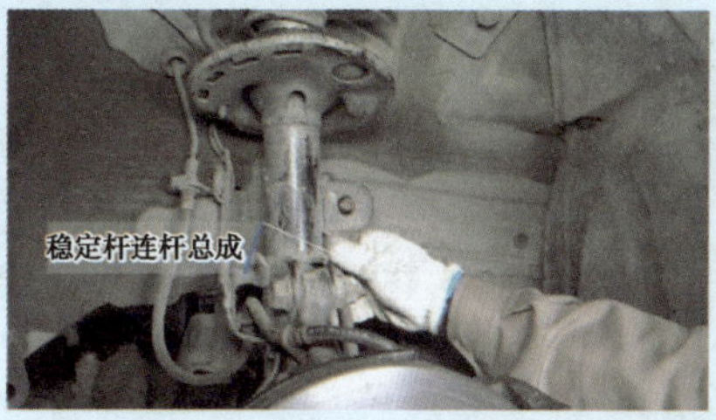	将稳定杆连杆总成放到一侧
9		拆下前轮转速传感器线束的固定螺栓和卡夹，分离前轮转速传感器 注意：确保将前轮转速传感器从______________的____________上完全分离
10		拆下螺栓并分离______________
11	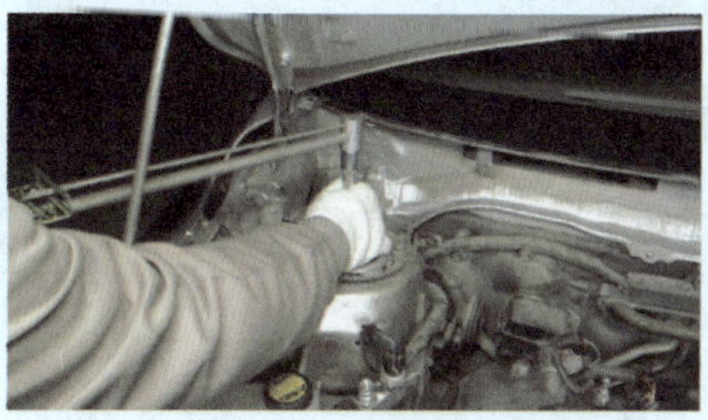	用指针式扭力扳手松开前减振器螺母 注意：不要______前减振器螺母
12		用卧式千斤顶和海绵垫块支撑前桥
13		拆下前减振器的下部的 2 个螺栓和 2 个螺母，从转向节上分离前减振器的下部

续表

序号	图示	步骤及技术要点
14		拆下前悬架支座总成上的 3 个螺母，取下前围上外板支架
15		取下带螺旋弹簧的前减振器总成
16		整理工具，并按照“5S”要求恢复场地

任务评价

项目	作业内容	评价要点	配分	评价
准备工作	场地准备	工位应干净、整洁，地面无油污	1	□
		车辆停靠在举升机合适位置	1	□
	车辆防护	铺设翼子板及前格栅布	2	□
		铺设车内四件套	2	□
	人员防护	工作服穿戴整齐	2	□
		操作时应戴棉纱手套	2	□
	工具、量具检查	检查卧式千斤顶等工具是否能正常工作	3	□
		检查拆卸工具套装是否齐全、整洁	2	□

续表

项目	作业内容	评价要点	配分	评价
操作	操作要点	能按照维修手册拆卸刮水器电动机总成	8	□
		能使用指针式扭力扳手松开前减振器螺母	12	□
		能用卧式千斤顶和海绵垫块支撑前桥	8	□
		能从转向节上分离前减振器下部	8	□
		能拆下前悬架支座总成上的 3 个螺母，并取下带螺旋弹簧的前减振器总成	9	□
	技术规范	能用六角扳手固定双头螺栓，使球节不随螺母转动	5	□
		能掌握前轮转速传感器与带螺旋弹簧的前减振器要完全分离	5	□
		能知道用指针式扭力扳手松开前减振器螺母，不要将其完全拆下	5	□
职业素养	安全及合作	特殊操作应佩戴安全帽、防酸碱手套或绝缘手套、护目镜等防护用品	5	□
		小组作业时应互相配合、合理分工，不可发生争执	5	□
	“5S”管理	现场无杂物，工具、量具应分类放置，不应有其他安全隐患	3	□
		废弃物应环保处理，废弃油液不可随意排放，应按要求放入指定容器	3	□
		操作环境应保持干净、整齐，及时清理灰尘、杂物等	3	□
		能按照维修手册要求操作，养成良好的作业习惯	3	□
		操作完成后应对工具进行清点、检查，并做好设备维护和保养工作	3	□
总评分				

任务十八 前减振器的解体与装配

学习目标

1. 能正确写出前减振器解体与装配所需的设备、工具。
2. 能根据维修手册正确使用工具完成前减振器的解体与装配。
3. 能正确叙述前减振器解体与装配的操作步骤及注意事项。

任务描述

一辆丰田卡罗拉 1.6L 轿车进店维修，客户反映汽车在有较大坑洼或凸起路段行驶时，会有金属碰撞的声音，并发生连续振动。经维修技师检查后，建议对前减振器进行解体维修。本任务的主要内容是前减振器的解体与装配。

问题：用弹簧压缩器压缩螺旋弹簧时有哪些注意事项？

____

____

任务准备

1. 工具器材

操作前需要准备以下设备、工具及辅助材料（以单工位为例）。

设备、工具及辅助材料

序号	名称	规格	数量
1	前减振器	丰田卡罗拉 1.6L	1
2	工具车	JTC 三层	1
3	台虎钳	0 ~ 200 mm	1
4	弹簧压缩器	—	1
5	棉纱手套	—	若干

2. 分工及操作

职务	代码	姓名	工作内容
组长	A		
组员	B		
	C		
	D		
	E		

任务实施

下面以丰田卡罗拉 1.6L 车型为例，介绍前减振器解体与装配的方法。

序号	图示	步骤及技术要点
1		组装弹簧压缩器，用弹簧压缩器压缩_____________，拧上螺栓 注意：（1）不要使用_____________，以免损坏弹簧压缩器 （2）用弹簧压缩器压缩螺旋弹簧时，维修人员不应站在螺旋弹簧_______，防止螺旋弹簧弹出造成人身伤害

续表

序号	图示	步骤及技术要点
2	 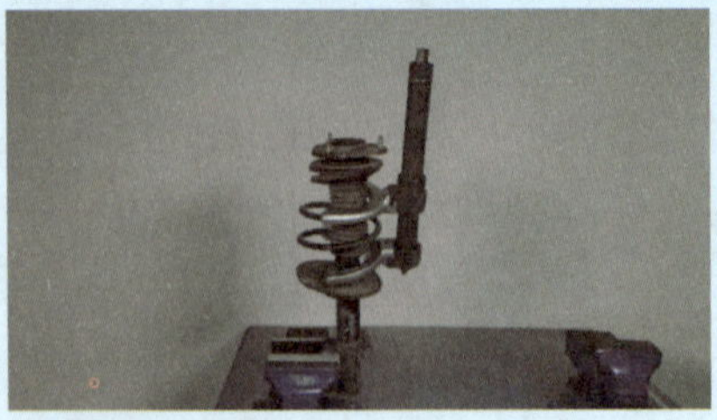	将螺栓和螺母安装到减振器下支架，用______固定减振器总成，检查并确保____________被完全压缩
3		拆下前减振器螺母
4		拆下前悬架支座分总成
5		拆下前悬架支座____________
6	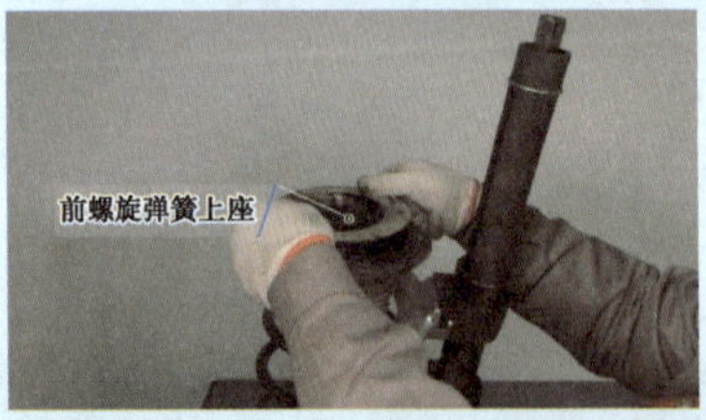	拆下前螺旋弹簧上座
7	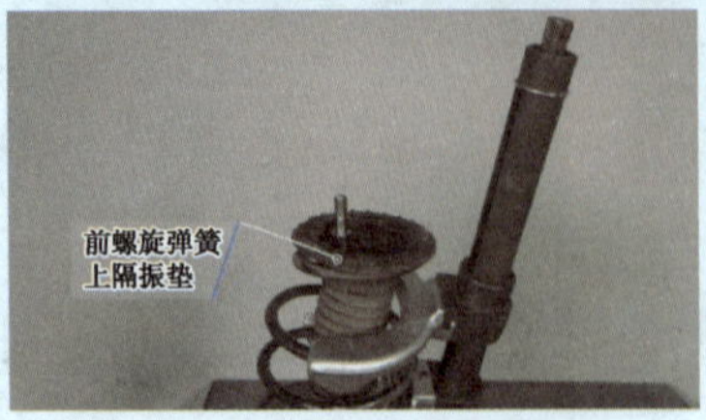	拆下前螺旋弹簧上隔振垫
8	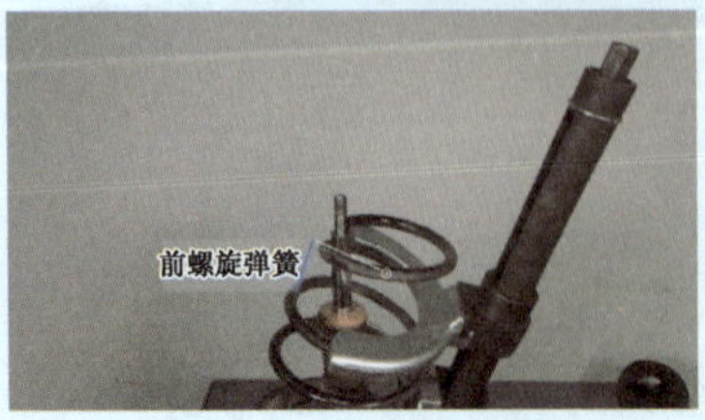	拆下前螺旋弹簧

续表

序号	图示	步骤及技术要点
9	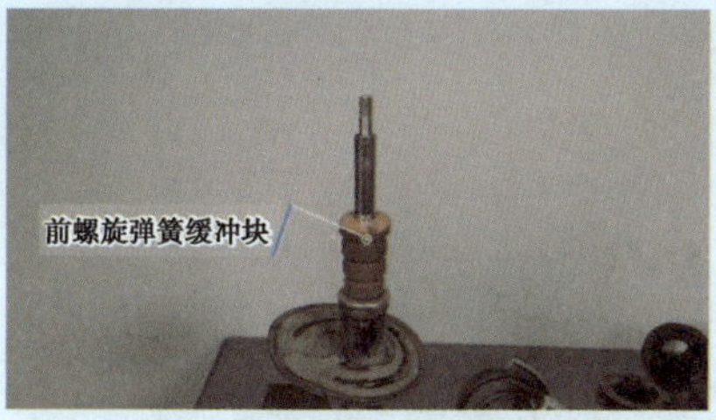	拆下前螺旋弹簧缓冲块
10		拆下前螺旋弹簧下隔振垫
11	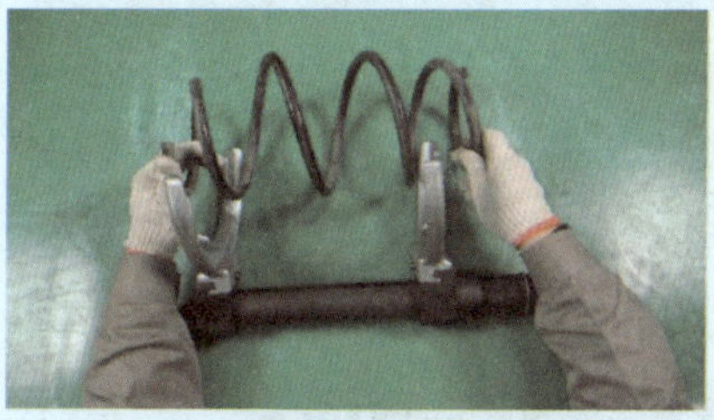	将弹簧压缩器从前螺旋弹簧上拆下
12		压缩并伸长减振器杆 ___ 次或更多，减振器应无 ___________ 或声音
13		将螺栓和螺母安装到前减振器上，用台虎钳固定前减振器
14	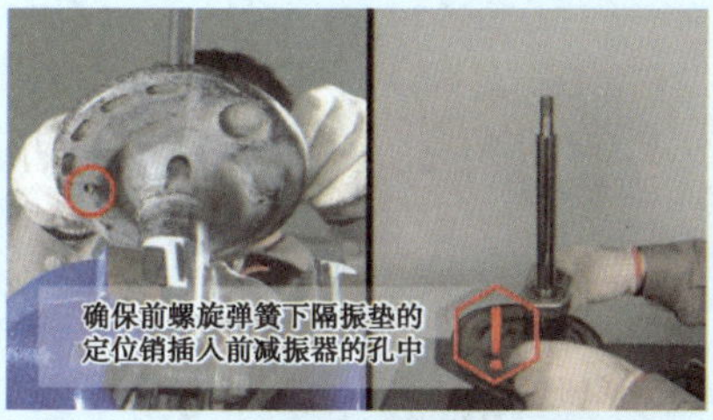	安装前螺旋弹簧下隔振垫 注意：确保前螺旋弹簧________________的定位销插入前减振器的孔中

续表

序号	图示	步骤及技术要点
15		安装前螺旋弹簧缓冲块
16		用弹簧压缩器压缩前螺旋弹簧
17	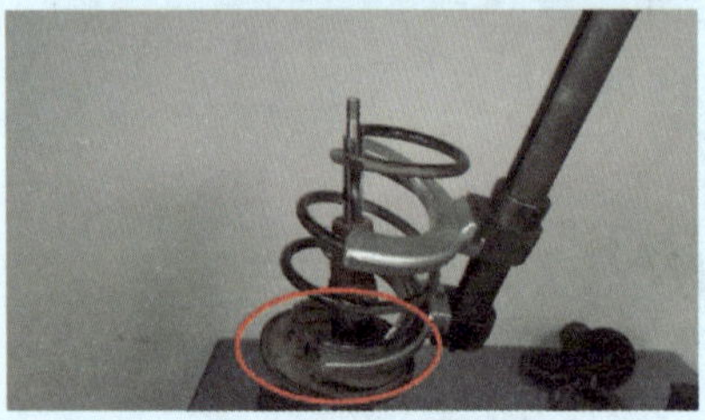	安装前螺旋弹簧 注意：确保前螺旋弹簧的底端与弹簧下隔振垫的______对准
18	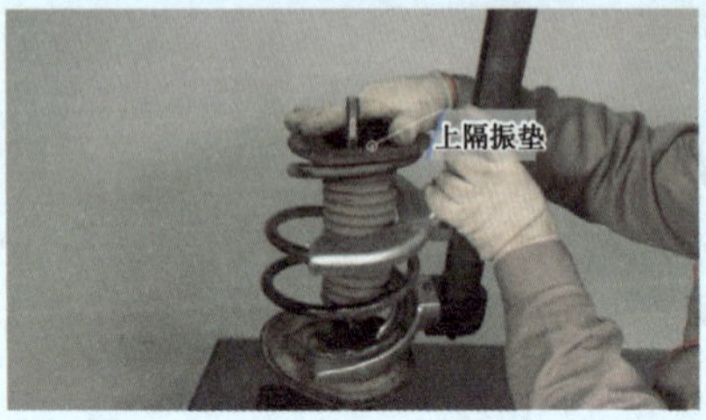 上隔振垫	安装前螺旋弹簧上隔振垫
19	 螺旋弹簧上座	安装前螺旋弹簧上座
20	 悬架支座防尘密封圈	安装前悬架支座防尘密封圈

续表

序号	图示	步骤及技术要点
21	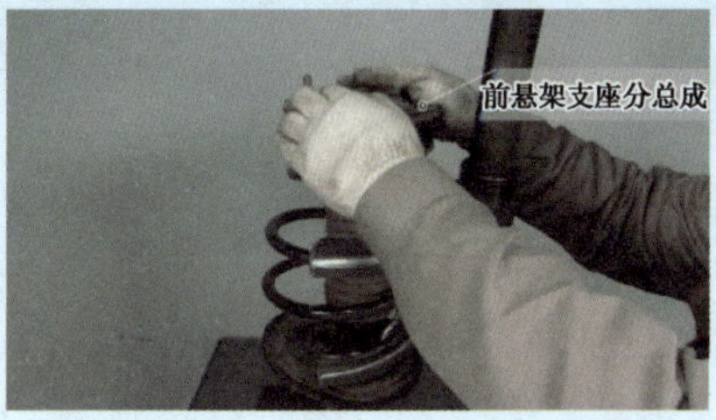 前悬架支座分总成	安装前悬架支座分总成
22		暂时拧紧新的前支座至前减振器螺母
23		将弹簧压缩器从前螺旋弹簧上拆下
24		整理工具，并按照“5S”要求恢复场地

任务评价

项目	作业内容	评价要点	配分	评价
准备工作	场地准备	工位应干净、整洁，地面无油污	2	□
	设备防护	摆放隔离栏	2	□
		摆放施工作业指示牌	2	□
	人员防护	工作服穿戴整齐	2	□
		操作时应戴棉纱手套	2	□
	工具、量具检查	检查弹簧压缩器、台虎钳等工具是否能正常工作	3	□
		检查工具套装是否齐全、整洁	2	□
操作	操作要点	能组装弹簧压缩器	8	□
		能用弹簧压缩器压缩减振器弹簧	10	□
		能拆下前减振器螺母并取下前悬架支座分总成	7	□
		能压缩并伸长减振器杆多次	7	□
		能安装前悬架支座分总成，并暂时拧紧新的前支座至前减振器螺母	8	□
	技术规范	减振器解体时不能使用冲击扳手，以免损坏弹簧压缩器	5	□
		压缩螺旋弹簧时，不可站在螺旋弹簧一侧	5	□
		前螺旋弹簧下隔振垫的定位销应插入前减振器的孔中	5	□
		前螺旋弹簧的底端应与弹簧下隔振垫的标记对准	5	□
职业素养	安全及合作	特殊操作应佩戴安全帽、防酸碱手套或绝缘手套、护目镜等防护用品	5	□
		小组作业时应互相配合、合理分工，不可发生争执	5	□
	“5S”管理	现场无杂物，工具、量具应分类放置，不应有其他安全隐患	3	□
		废弃物应环保处理，废弃油液不可随意排放，应按要求放入指定容器	3	□
		操作环境应保持干净、整齐，及时清理灰尘、杂物等	3	□
		能按照维修手册要求操作，养成良好的作业习惯	3	□
		操作完成后应对工具进行清点、检查，并做好设备维护和保养工作	3	□
总评分				

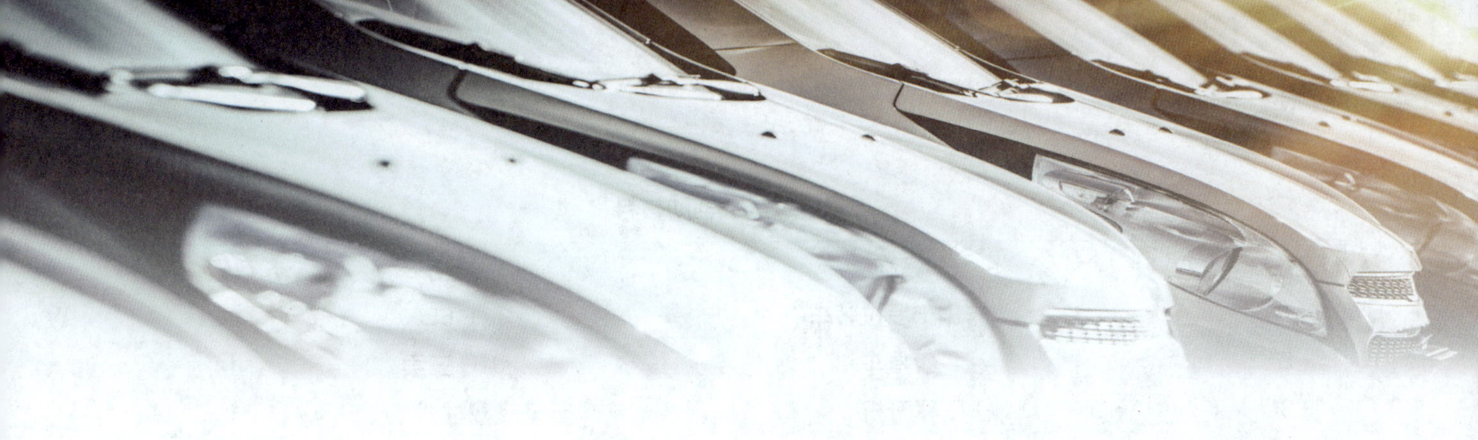

任务十九 前减振器总成的安装

学习目标

1. 能正确写出安装前减振器总成所需的设备、工具。
2. 能根据维修手册正确使用工具安装前减振器总成。
3. 能正确叙述安装前减振器总成的操作步骤及注意事项。

任务描述

任务十七、十八已经完成前减振器总成的拆卸、解体和装配，本任务的主要内容是将维修好的前减振器安装到车身上。

问题1：拧紧前减振器螺母时，需要的扭矩是多少？

____

____

问题2：在安装前减振器过程中，如果球节随螺母转动，需要使用什么工具固定双头螺栓？

____

____

任务准备

1. 工具器材

操作前需要准备以下设备、工具及辅助材料（以单工位为例）。

设备、工具及辅助材料

序号	名称	规格	数量
1	丰田卡罗拉轿车	1.6L	1
2	工具车	JTC 三层	1
3	举升机	双柱式	1
4	可调式扭力扳手	0 ~ 220 N · m、 5 ~ 60 N · m	2
5	卧式千斤顶	—	1
6	海绵垫块	—	1
7	棉纱手套	—	若干

2. 分工及操作

职务	代码	姓名	工作内容
组长	A		
组员	B		
	C		
	D		
	E		

任务实施

下面以丰田卡罗拉 1.6L 车型为例，介绍前减振器的安装方法。

序号	图示	步骤及技术要点
1		将前悬架支座总成上的 3 个螺栓对准________________
2	前围上外板支架	将前围上外板支架套入悬架支座总成的螺栓上

续表

序号	图示	步骤及技术要点
3	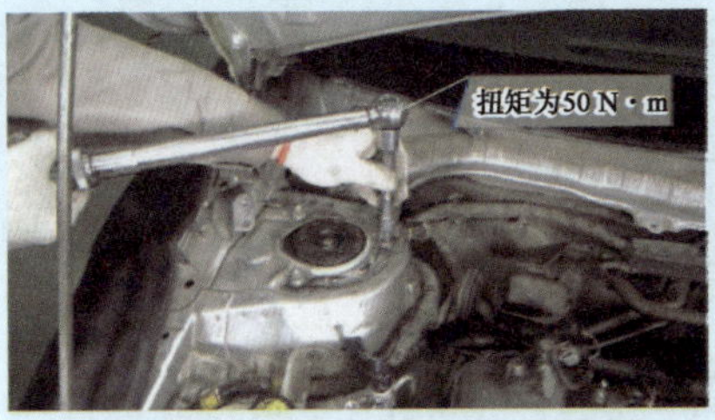 扭矩为50 N·m	用___个螺母安装带螺旋弹簧的前减振器上部，可调式扭力扳手扭矩为___N·m
4	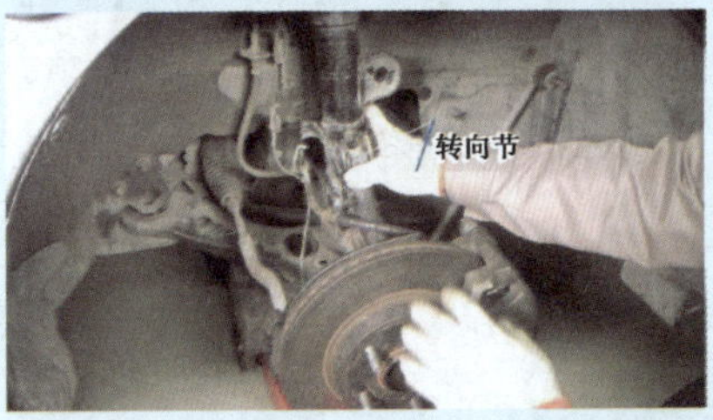 转向节	将带螺旋弹簧的前减振器下部安装到转向节上，插入2个螺栓，拧紧2个螺母，可调式扭力扳手扭矩为___N·m
5	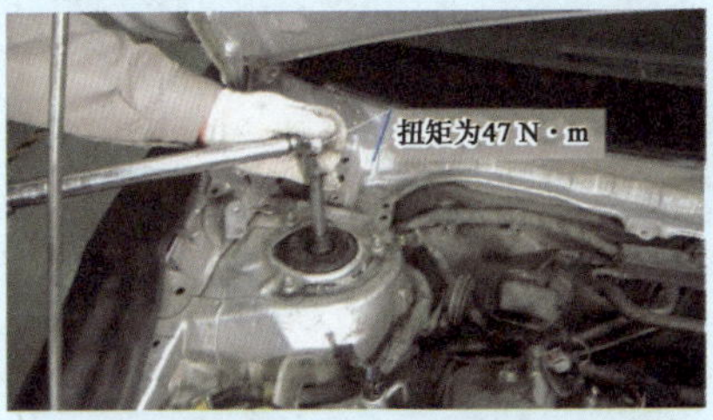 扭矩为47 N·m	拧紧前减振器螺母，可调式扭力扳手扭矩为___N·m
6	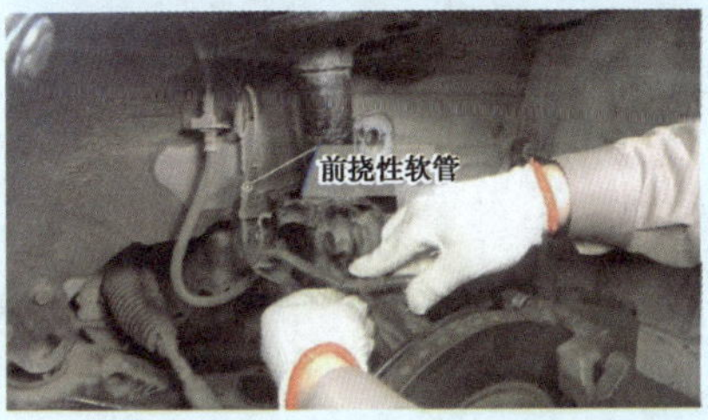 前挠性软管	用螺栓将前挠性软管安装到转向节上，可调式扭力扳手扭矩为___N·m
7	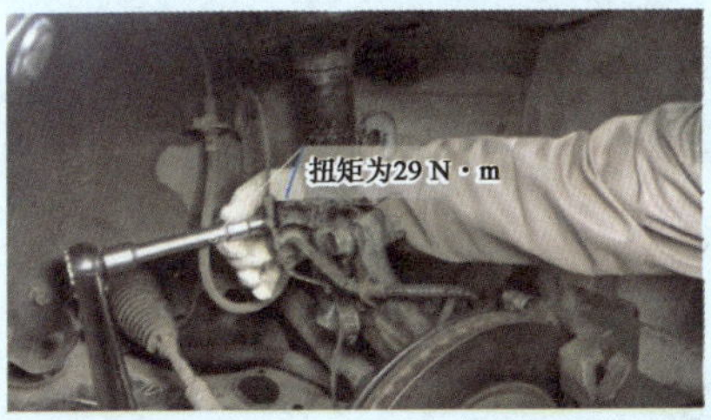 扭矩为29 N·m	用螺栓和卡夹将前轮转速传感器和前挠性软管安装到前减振器下部，扭矩为___N·m 注意：安装时不要扭曲前轮转速传感器。安装前挠性软管后再安装转速传感器线束支架
8	 前稳定杆连杆总成	用螺母将前稳定杆连杆总成安装到带螺旋弹簧的前减振器，扭矩为___N·m 注意：如果球节随螺母转动，使用___________固定双头螺栓

续表

序号	图示	步骤及技术要点
9		安装前悬架支座防尘罩
10		安装前轮，可调式扭力扳手扭矩为____N · m
11	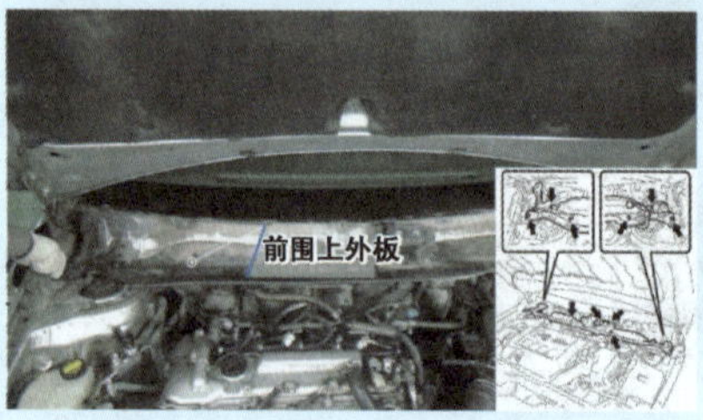	用 10 个螺栓安装前围上外板，可调式扭力扳手扭矩为___N · m
12		接合刮水器电动机线束卡夹
13	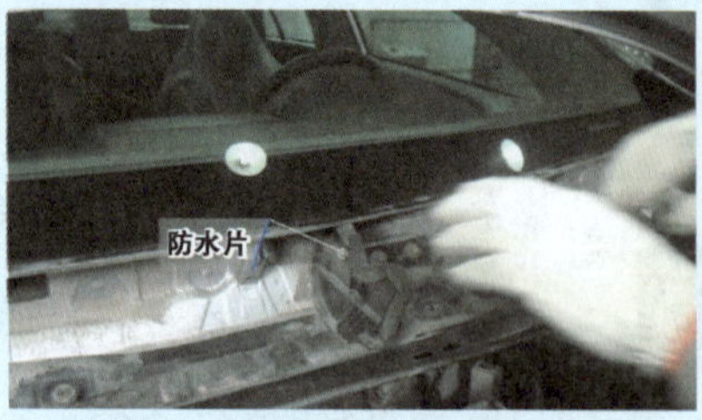	弯曲右侧防水片，接合防水片卡夹
14	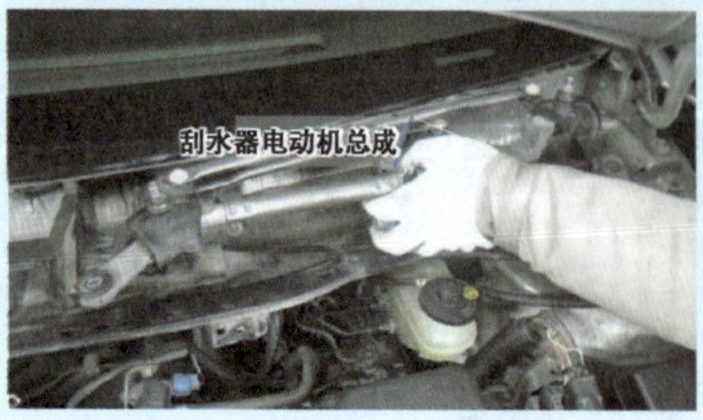	安装刮水器电动机总成

续表

序号	图示	步骤及技术要点
15		整理工具，并按照“5S”要求恢复场地

任务评价

项目	作业内容	评价要点	配分	评价
准备工作	场地准备	工位应干净、整洁，地面无油污	1	□
		车辆停靠在举升机合适位置	1	□
	车辆防护	铺设翼子板及前格栅布	2	□
		铺设车内四件套	2	□
	人员防护	工作服穿戴整齐	2	□
		操作时应戴棉纱手套	2	□
	工具、量具检查	检查卧式千斤顶等是否能正常工作	3	□
		检查安装工具套装是否齐全、整洁	2	□
操作	操作要点	能将带螺旋弹簧的前减振器下部安装到转向节上	11	□
		能用标准扭矩将前轮转速传感器和前挠性软管安装到前减振器下部	12	□
		能用标准扭矩将前稳定杆连杆总成安装到带螺旋弹簧的前减振器上	12	□
		能按照维修手册安装刮水器电动机总成	10	□
	技术规范	能知道在安装前轮转速传感器时不要将其扭曲	5	□
		能知道在安装前挠性软管后再安装转速传感器线束支架	5	□
		安装前稳定杆连杆总成时，能用六角扳手固定双头螺栓，使球节不随螺母转动	5	□

续表

项目	作业内容	评价要点	配分	评价
职业素养	安全及合作	特殊操作应佩戴安全帽、防酸碱手套或绝缘手套、护目镜等防护用品	5	□
		小组作业时应互相配合、合理分工，不可发生争执	5	□
	“5S”管理	现场无杂物，工具、量具应分类放置，不应有其他安全隐患	3	□
		废弃物应环保处理，废弃油液不可随意排放，应按要求放入指定容器	3	□
		操作环境应保持干净、整齐，及时清理灰尘、杂物等	3	□
		能按照维修手册要求操作，养成良好的作业习惯	3	□
		操作完成后应对工具进行清点、检查，并做好设备维护和保养工作	3	□
总评分				

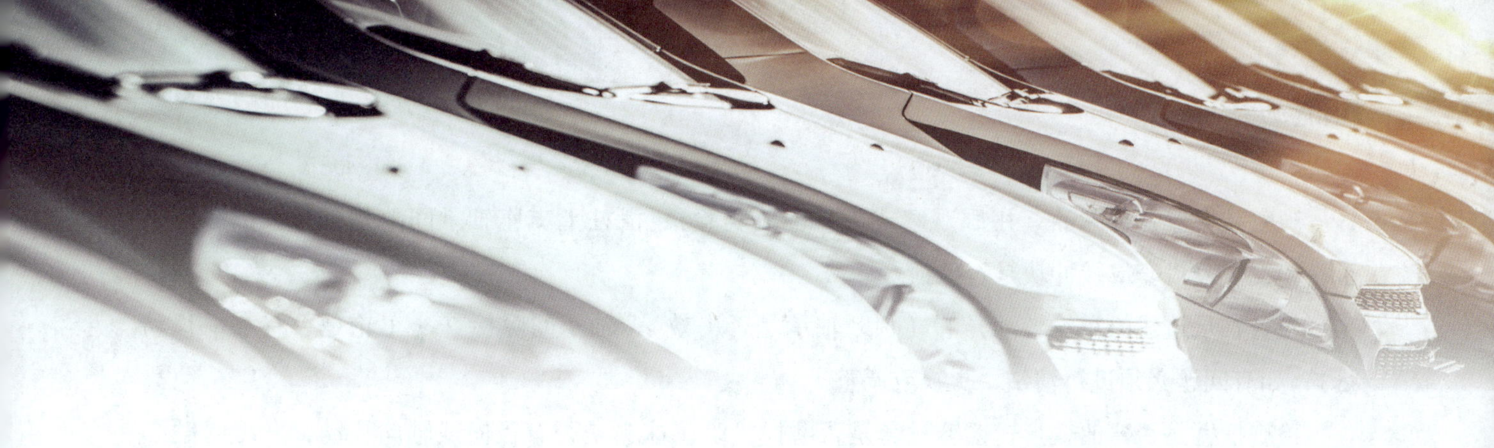

任务二十

车辆四轮定位前的准备

学习目标

1. 能对四轮定位仪、举升机和车辆进行检查。
2. 能根据维修手册正确安装大、小目标盘。
3. 能正确叙述操作四轮定位仪和举升机时的注意事项。

任务描述

一辆大众朗逸 1.4T 轿车进店维修，客户反映汽车在高速公路上行驶时，车辆出现左右跑偏的现象。经维修技师检查后，建议对车辆做四轮定位。本任务的主要内容是车辆四轮定位前的准备工作。

问题：使用举升机时有哪些注意事项？

____

____

相关知识

四轮定位前的检查项目包括整备质量检查，轮胎检查，减振器与滑柱检查，车轮轴承检查，摆臂、衬套和球头检查。

检查整备质量主要是保证汽车空载的状态，去掉不计在整备质量内的物品；注意有的汽车对行李箱、工具箱或油箱量做出限量要求。

检查同轴的轮胎型号、气压、磨损程度是否一致；做车轮动平衡及径向跳动检查。

观察减振器是否漏油（用眼观察或进行弹跳实验）；滑柱上支座轴承间隙是否过大；螺栓是否松动；橡胶衬套或缓冲块是否破损。

检查轴承造成的车轮转动异响（判断轴承是否失效）；轴承间隙检查（车轮是否有水平移动量）；如有问题必须进行清洁、更换或调整。

检查摆臂是否弯曲变形；摆臂衬套是否磨损松旷；球头是否有径向或轴向移动，发现问题必须更换。注意检查摆臂、衬套和球头时需要把车辆支起。

任务准备

1. 工具器材

操作前需要准备以下设备、工具及辅助材料（以单工位为例）。

设备、工具及辅助材料

序号	名称	规格	数量
1	大众朗逸轿车	1.4T	1
2	举升机	四柱式	1
3	四轮定位仪	—	1
4	绑带	—	4
5	车轮挡块	—	4
6	胎压套	—	1

2. 分工及操作

职务	代码	姓名	工作内容
组长	A		
组员	B		
	C		
	D		
	E		

任务实施

下面以大众朗逸 1.4T 车型为例，介绍车辆四轮定位前的准备工作。

序号	图示	步骤及技术要点
1	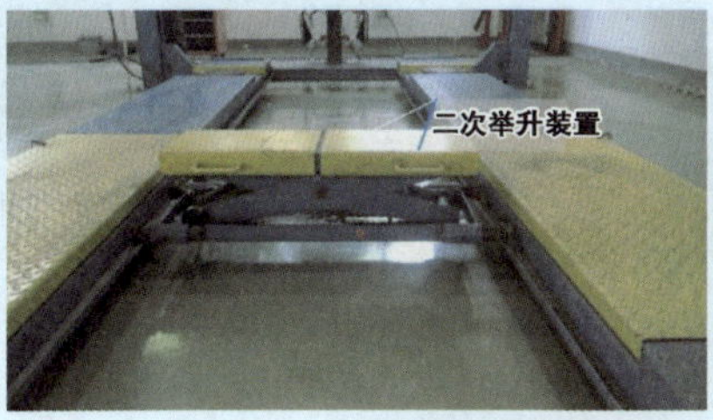   二次举升装置 前转角盘 后滑动板	将二次举升装置降到______位置，检查____________和____________的插销是否安装到位
2	 尊重创造	将车辆驶上举升机，使两个前轮停在________________
3	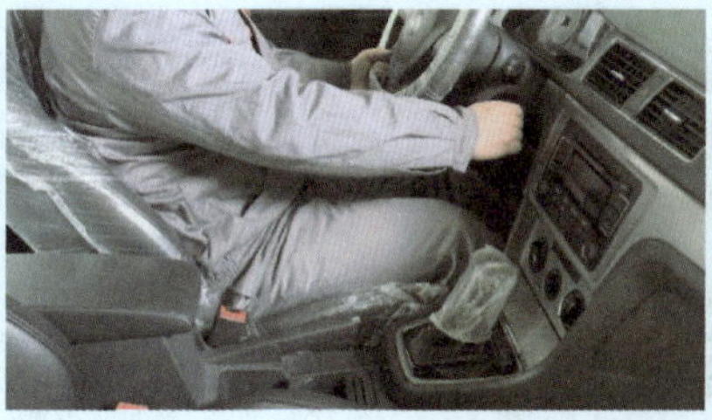 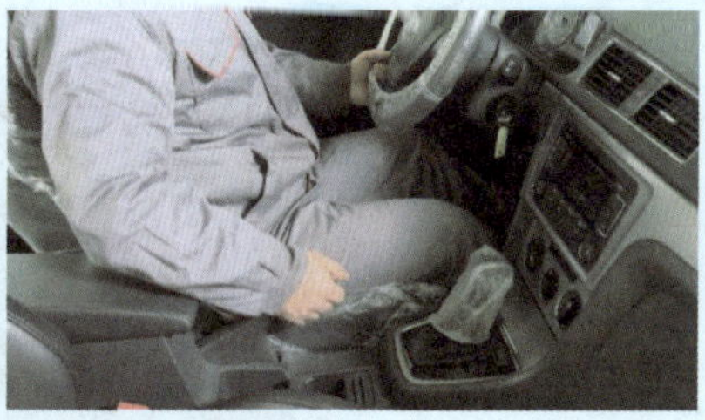 	关闭发动机，拉起驻车制动器。在距后轮前后约___cm处，各放置一个____________防止车辆掉落
4		根据车辆上粘贴的胎压标准，用胎压表检查4个车轮胎压是否符合要求

续表

序号	图示	步骤及技术要点
5		打开计算机，双击四轮定位图标进入软件主界面
6		举升车辆至离地约___m高度
7		将目标盘光斑朝前安装在四个车轮轮辋上，用______保护 注意：将大、小目标盘分别安装在后轮和前轮上，目标盘夹具应尽量保持竖直
8		将车辆换挡杆置于______，松开驻车制动器
9		不同车型的四轮定位前期准备的设备和车辆检查步骤相似，但由于四轮定位仪、举升机、目标盘及附件类型有所区别，应根据仪器设备使用说明书操作 整理工具，并按照“5S”要求恢复场地

任务评价

项目	作业内容	评价要点	配分	评价
准备工作	场地准备	工位应干净、整洁，地面无油污	1	□
		车辆停靠在举升机合适位置	1	□
	车辆防护	铺设翼子板及前格栅布	2	□
		铺设车内四件套	2	□
	人员防护	工作服穿戴整齐	2	□
	工具、量具检查	检查四轮定位仪是否能正常工作	3	□
		检查工具套装是否齐全、整洁	2	□
操作	操作要点	能将举升装置降到最低位置，检查前转角盘和后滑动板的插销是否安装到位	8	□
		能将车辆的前轮停靠在转角盘中央	12	□
		能用胎压表检测轮胎胎压	8	□
		能正确操作四轮定位软件	10	□
		能将目标盘光斑朝前安装在车轮轮辋上	9	□
	技术规范	能将车辆举升至离地约 1 m 的位置	5	□
		在后轮前、后各放置车轮挡块防止车辆掉落	5	□
		能知道将大、小目标盘分别安装在后轮和前轮上，目标盘夹具应尽量保持竖直	5	□
职业素养	安全及合作	特殊操作应佩戴安全帽、防酸碱手套或绝缘手套、护目镜等防护用品	5	□
		小组作业时应互相配合、合理分工，不可发生争执	5	□
	“5S”管理	现场无杂物，工具、量具应分类放置，不应有其他安全隐患	3	□
		废弃物应环保处理，废弃油液不可随意排放，应按要求放入指定容器	3	□
		操作环境应保持干净、整齐，及时清理灰尘、杂物等	3	□
		能按照维修手册要求操作，养成良好的作业习惯	3	□
		操作完成后应对工具进行清点、检查，并做好设备维护和保养工作	3	□
总评分				

任务二十一 车辆四轮定位测量

学习目标

1. 能正确写出车辆四轮定位测量所需的设备、工具。
2. 能根据维修手册正确操作四轮定位仪和举升机。
3. 能正确叙述车辆四轮定位测量的操作步骤及注意事项。

任务描述

一辆大众朗逸 1.4T 轿车进店维修，客户反映汽车轮胎一边磨损严重，而另外一边还是比较新的状态。经维修技师检查后，建议对车辆做四轮定位测量。本任务的主要内容是车辆四轮定位测量。

问题：用四轮定位仪检测时，如果屏幕显示车轮和目标盘为红色，应怎样操作？

____

____

相关知识

车辆四轮定位操作前的准备工作如下。

1. 将车辆停放在举升机上

将车辆停放在举升机上的正确位置，是保证测量安全和精确的重要步骤。

（1）确保前转角盘和后滑动板锁定到位。

（2）将车辆驶到举升机上，停在转角盘正前方。

（3）关闭发动机，拉起驻车制动器。将车轮挡块放置于轮胎前后方，防止车辆从举升机上掉下。

（4）调整转角盘的位置，保证轮胎在转角盘的正中央。

（5）将车辆换挡杆置于空挡，释放驻车制动器，将车辆推上转角盘，并调整好车辆挡块的位置。

2. 安装目标盘

使用自定心夹具将目标盘安装至车轮上。小目标盘安装在前轮上，大目标盘安装在后轮上。

（1）将目标盘朝向相机，逆时针旋转夹具旋钮，使卡爪向外伸展，使其大于轮缘。

（2）将上卡爪推入轮胎胎圈与轮缘之间，顺时针旋转卡爪旋钮，使下卡爪与轮缘紧紧贴合，并拧紧夹具旋钮。需要注意的是夹具应竖直安装，夹具旋钮在正上方。

（3）将夹具绑带绑在夹具和目标盘上，绑带两端的钩子钩在轮辋上，防止在推动汽车过程中目标盘掉落。

3. 四轮定位参数

四轮定位参数主要包括车轮外倾、前轮前束、主销后倾、主销内倾、转向前展角、转向最大转角、推进角等参数。

任务准备

1. 工具器材

操作前需要准备以下设备、工具及辅助材料（以单工位为例）。

设备、工具及辅助材料

序号	名称	规格	数量
1	大众朗逸轿车	1. 4T	1
2	工具车	JTC 三层	1
3	举升机	四柱式	1
4	胎压表	—	1
5	转向盘固定器	—	1
6	车轮挡块	—	4

2. 分工及操作

职务	代码	姓名	工作内容
组长	A		

续表

职务	代码	姓名	工作内容
组员	B		
	C		
	D		
	E		

 任务实施

下面以大众朗逸 1.4T 车型为例，介绍车辆四轮定位的测量。

序号	图示	步骤及技术要点
1		在四轮定位主界面，单击“OK”，进入____________________界面
2	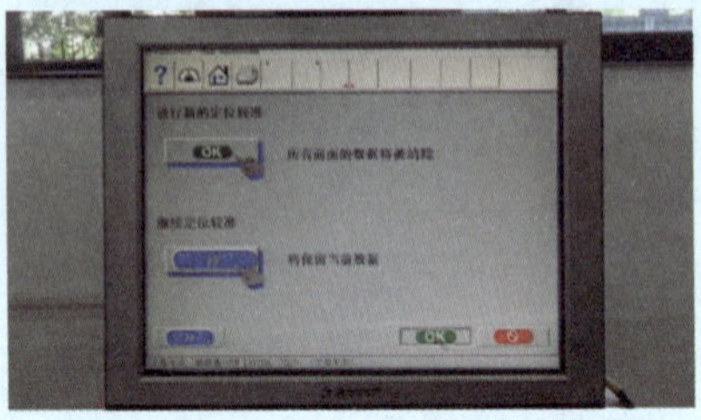	单击“OK”，进入“用户数据”界面
3	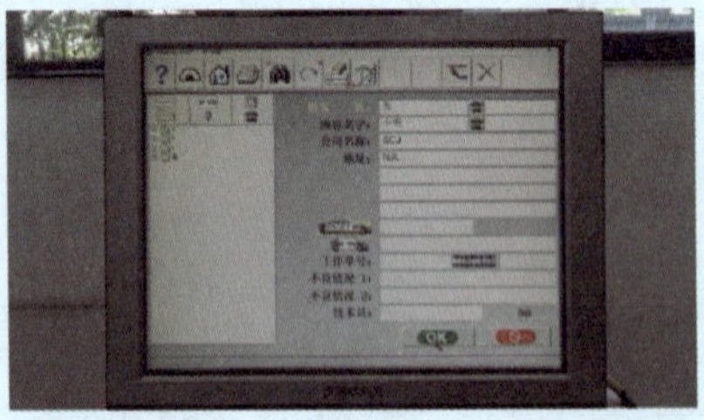	输入顾客姓名、电话等信息。单击“OK”，进入“车辆选择”界面
4	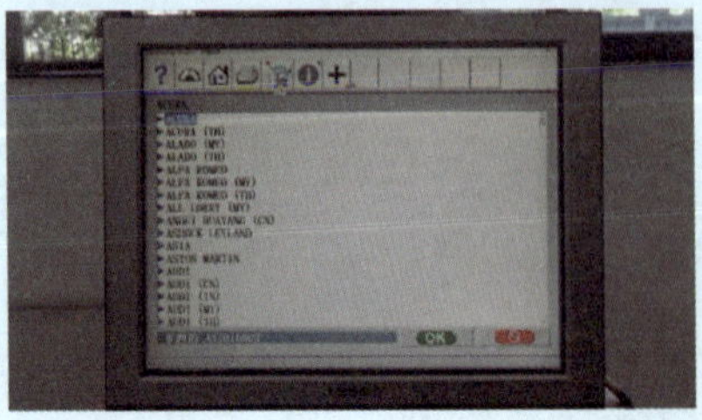	单击“车辆定制”找到对应车型，双击进入“汽车规格”界面

续表

序号	图示	步骤及技术要点
5	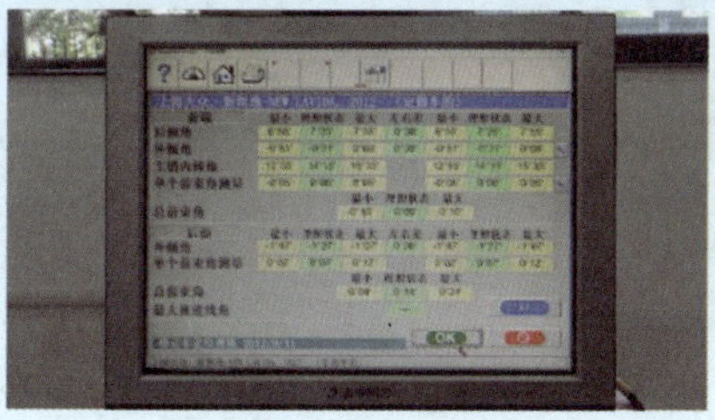	看到选定车型的标准定位参数值，单击“OK”进入“四轮定位测量”界面 注意：如果屏幕显示车轮和目标盘为红色，应调整车辆举升高度，使目标盘处于相机照射范围内，红色提示消失，四轮定位仪进入待检状态
6	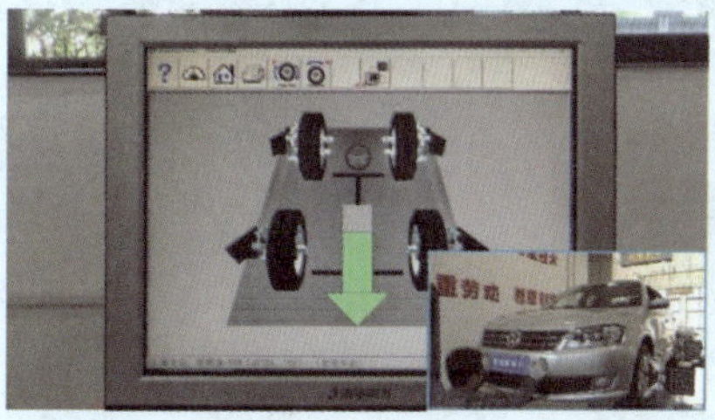	根据屏幕__________提示推动车辆，待屏幕出现红色正八边形图案时，停止推动车辆并保持不动 注意：要匀速推动车辆，以减少车辆振动。如果车辆发生振动，需要重新推动车辆
7	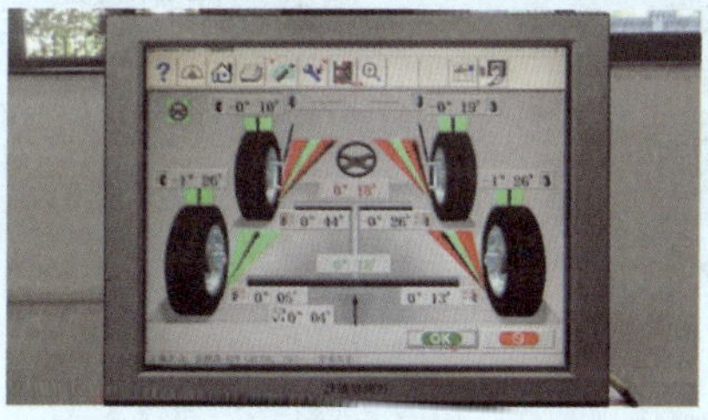	推动车辆结束后，系统自动进入“三维调整屏幕”界面，单击“OK”，进入“后轮读数表”界面
8		根据屏幕提示，转动转向盘，使前轮回正，仪器自动显示后轮定位参数
9		单击“OK”，进入“前轮读表”界面，根据屏幕提示，保持转向盘水平，用转向盘固定器将其卡住。单击“OK”，显示前轮定位参数
10	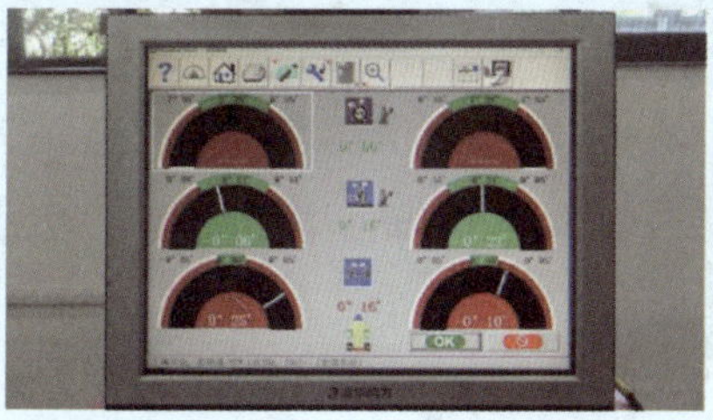	双击“左轮前束”图标，放大左前轮定位参数。用扳手调整转向横拉杆，指针进入绿色区域，表示左前轮前束值恢复正常

续表

序号	图示	步骤及技术要点
11	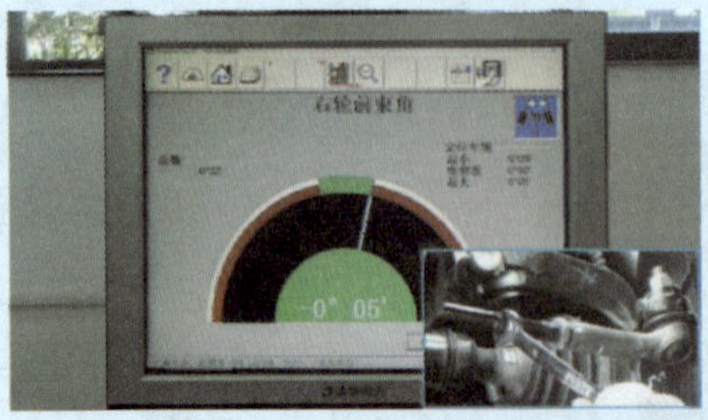	用同样的方法调整右前轮前束值，测量完毕，拆下转向盘固定器
12		在“前轮读数表”界面双击“主销后倾/内倾”图标，进入“后倾角/内倾角检测”界面
13	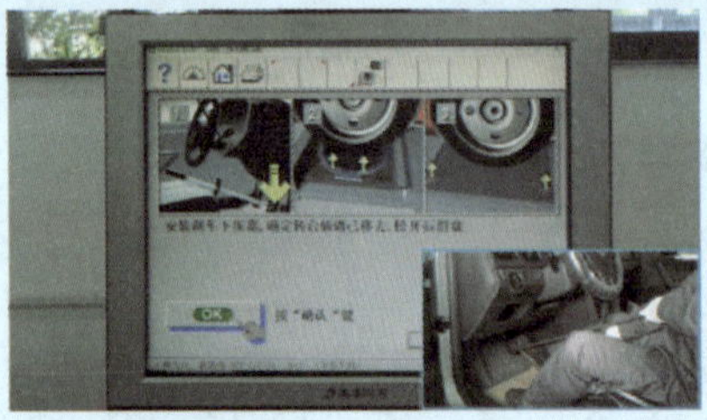	根据提示正确安装制动踏板固定器，拔掉前转角盘和后滑动板插销，单击“OK”，进入转向测量操作提示界面
14	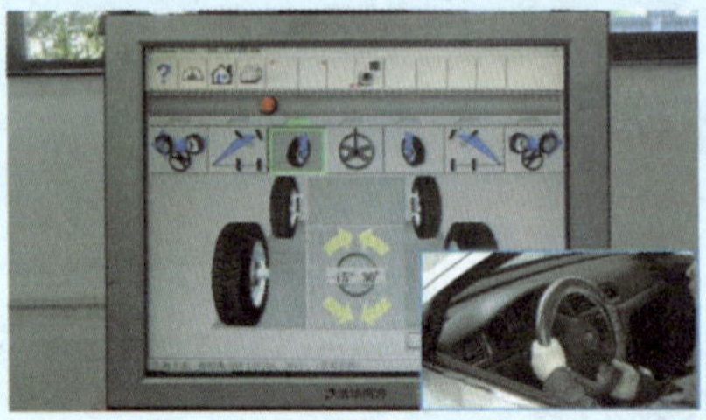	根据屏幕及摄像头旁指示灯提示，向左、向右转动转向盘使车轮在转至10°、20°和最大转角三个位置停顿以采集数据
15		回正转向盘，屏幕自动显示测量参数，单击“OK”，进入列表数据显示界面，查看全部数据
16	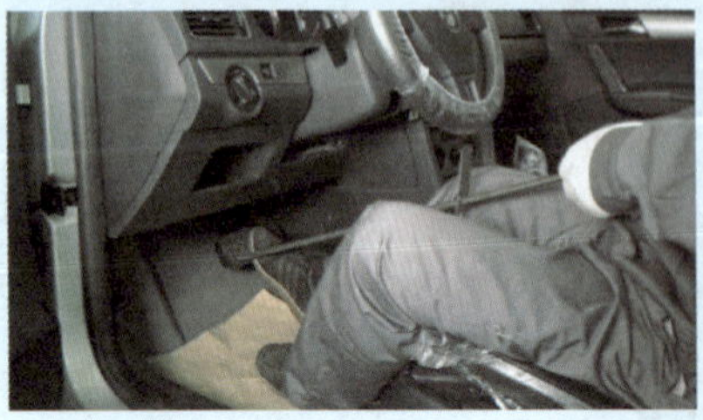	测量完毕，拆下转向盘固定器、制动踏板固定器、目标盘等零部件

续表

序号	图示	步骤及技术要点
17		整理工具，并按照“5S”要求恢复场地

任务评价

项目	作业内容	评价要点	配分	评价
准备工作	场地准备	工位应干净、整洁，地面无油污	1	□
		车辆停靠在四轮定位仪的指定位置	1	□
	车辆防护	铺设翼子板及前格栅布	2	□
		铺设车内四件套	2	□
	人员防护	工作服穿戴整齐	2	□
	工具、量具检查	检查四轮定位仪是否能正常工作	3	□
		检查工具套装是否齐全、整洁	2	□
操作	操作要点	能根据“车辆定制”界面提示找到对应车型	11	□
		能根据操作指示，及时停止推动车辆并保持不动	11	□
		能正确测量前轮前束、外倾等定位参数	13	□
		能根据测量结果，用扳手调整转向横拉杆恢复前轮前束值	12	□
	技术规范	能调整车辆举升高度，使目标盘处于相机照射范围内	5	□
		能掌握安装制动踏板固定器的方法	5	□
		能知道应匀速推动车辆移动，以减少车辆振动	5	□

续表

项目	作业内容	评价要点	配分	评价
职业素养	安全及合作	特殊操作应佩戴安全帽、防酸碱手套或绝缘手套、护目镜等防护用品	5	□
		小组作业时应互相配合、合理分工，不可发生争执	5	□
	“5S”管理	现场无杂物，工具、量具应分类放置，不应有其他安全隐患	3	□
		废弃物应环保处理，废弃油液不可随意排放，应按要求放入指定容器	3	□
		操作环境应保持干净、整齐，及时清理灰尘、杂物等	3	□
		能按照维修手册要求操作，养成良好的作业习惯	3	□
		操作完成后应对工具进行清点、检查，并做好设备维护和保养工作	3	□
总评分				

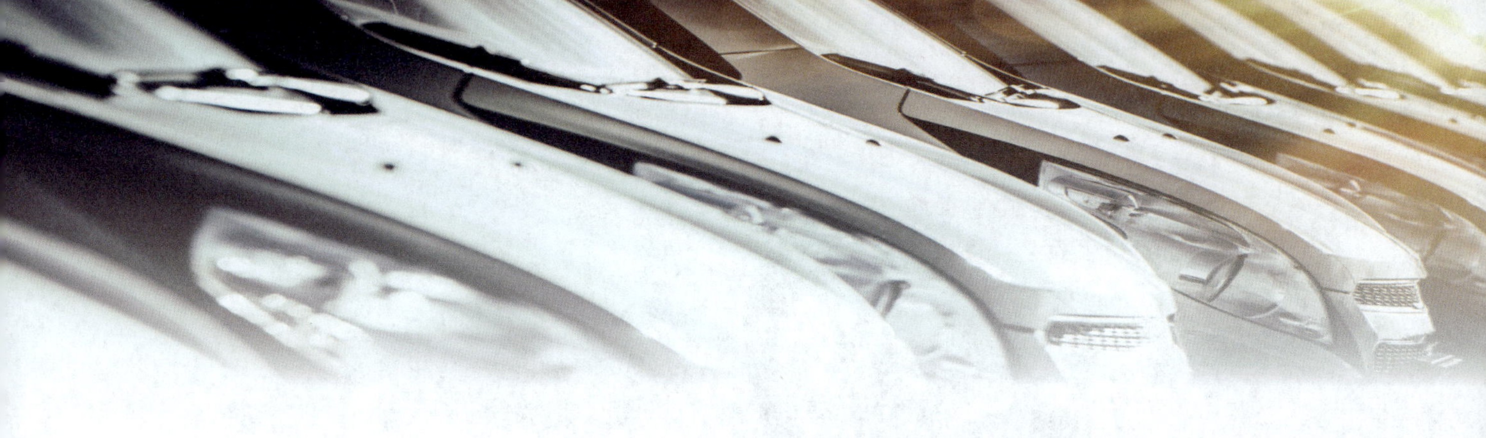

任务二十二

车轮总成的拆装与换位

学习目标

1. 能正确写出车轮总成拆装与换位所需的设备、工具。
2. 能根据维修手册正确使用工具对轮胎进行拆装与换位。
3. 能正确叙述车轮总成拆装与换位的操作步骤及注意事项。

 任务描述

一辆丰田卡罗拉 1.6L 轿车进店维修，客户反映汽车里程数已达到 8 000 km，轮胎需要保养，经维修技师检查后，建议进行轮胎换位。本任务的主要内容是车轮总成的拆装与换位。

问题：用指针式扭力扳手预松车轮螺母应该按什么顺序操作？

____

____

相关知识

汽车车轮总成由车轮和轮胎两大部分组成，是汽车行驶系统的重要部件，如图 1 所示。

车轮是介于轮胎和车桥之间承受负荷的旋转组件，其作用是安装轮胎，承受轮胎与车桥之间的各种载荷的作用。车轮一般由轮毂、轮辋和轮辐组成，如图 2 所示。轮毂通过圆锥滚子轴承装在车桥或转向节轴颈上，用于连接车轮与车桥。轮辋用于安装和固定轮胎。轮辐用于将轮毂与轮辋连接起来。

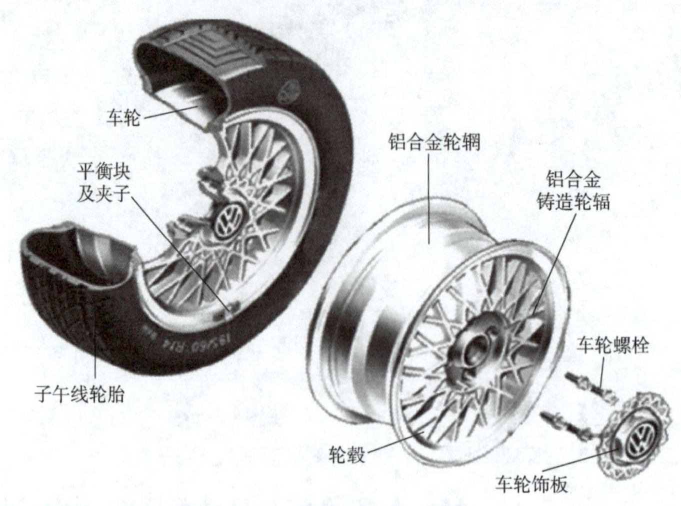

图1　汽车车轮总成

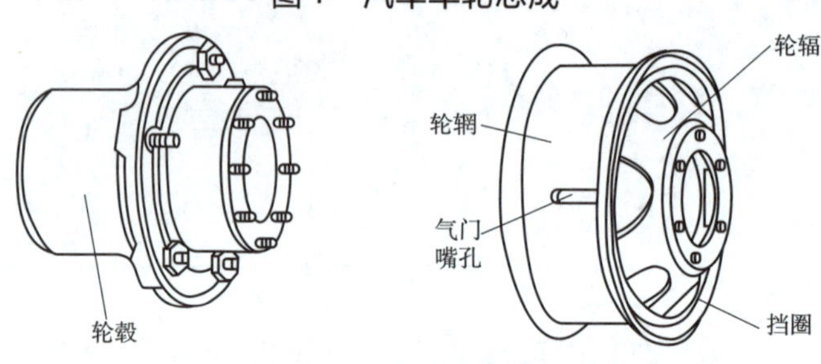

图2　车轮的组成

汽车在行驶中，轮胎是唯一与地面接触的部件，能支撑车身，缓冲外界冲击，实现与路面的接触并保证车辆的驱动力、制动力和侧向支撑力等行驶性能。因汽车驱动轮与从动轮受力不均衡，长期使用必然会造成前后车轮磨损不一致，对车轮进行换位维护可以使车轮均匀磨损。

 任务准备

1. 工具器材

操作前需要准备以下设备、工具及辅助材料（以单工位为例）。

设备、工具及辅助材料

序号	名称	规格	数量
1	丰田卡罗拉轿车	1. 6L	1
2	举升机	剪式	1
3	工具车	JTC 三层	1
4	海绵垫块	—	4
5	指针式扭力扳手	0 ~300 N · m	1
6	可调式扭力扳手	10 ~ 150 N · m	1
7	车轮挡块	—	4
8	棉纱手套	—	若干

2. 分工及操作

职务	代码	姓名	工作内容
组长	A		
组员	B		
	C		
	D		
	E		

 任务实施

下面以丰田卡罗拉 1. 6L 车型为例，介绍车轮总成的拆装与换位的方法。

序号	图示	步骤及技术要点
1		将车辆停放在平坦地面上，拉紧驻车制动器，将自动挡汽车的换挡杆换至___挡或将手动挡汽车的换挡杆换至___挡
2		用车轮挡块抵住各车轮
3		安装剪式举升机海绵垫块
4		用________________按照对角线顺序预松车轮螺母 注意：如果车辆轮胎离地，用指针式扭力扳手预松车轮螺母时，车轮会沿受力方向______，无法预松车轮螺母

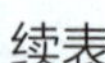

续表

序号	图示	步骤及技术要点
5	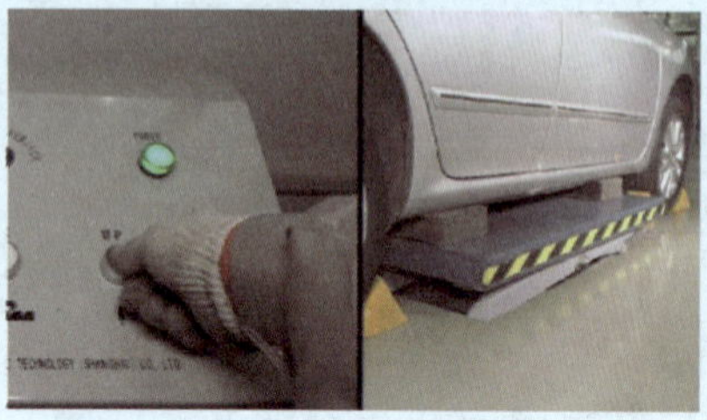	按下举升机控制面板上的____按钮，升起车辆，使轮胎离开地面 注意：车辆稍微离地即要检查车辆支撑是否牢靠
6	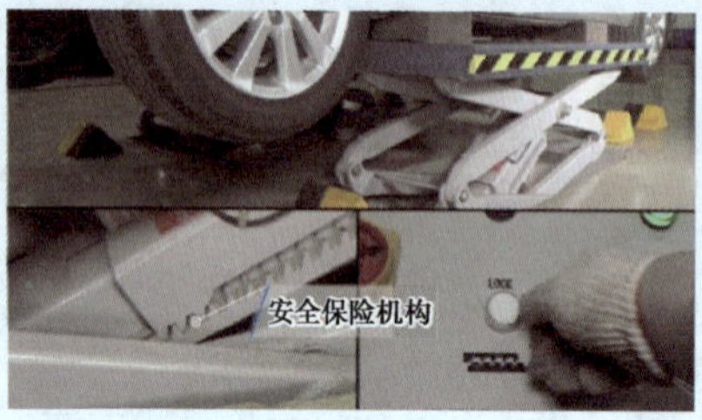	将车辆举升到适合维修人员操作的高度后，按下举升机控制面板上的_____按钮，使机械齿条置于安全保险机构上
7		拿走车轮挡块
8	 	用套筒扳手拧下车轮螺母，从汽车上拿下轮胎，将轮胎按照拆卸顺序放置在轮胎架上 注意：如果将轮胎放置在地面上，应使带___________的一侧朝上，以避免划伤车轮表面

续表

序号	图示	步骤及技术要点
9	  为了使轮胎均匀磨损并延长使用寿命，建议每行驶8 000～10 000 km后进行一次轮胎换位 前 四轮交叉换位  前 五轮交叉换位  前 四轮交叉换位  前 五轮交叉换位  前 单边换位	为了使轮胎均匀磨损并延长使用寿命，建议每行驶____________ km后进行一次轮胎换位 注意：轮胎换位方法因驱动系统、备胎类型和特征的不同而不同 （1）如果前轮驱动车辆的备胎与安装轮胎不同，一般采用________________ （2）如果前轮驱动车辆的备胎与安装轮胎相同，一般采用________________ （3）如果后轮驱动车辆的备胎与安装轮胎不同，一般采用________________ （4）如果后轮驱动车辆的备胎与安装轮胎相同，一般采用________________ （5）如果车辆采用的是单向轮胎，那么需采用____________

续表

序号	图示	步骤及技术要点
10		将车轮安装到汽车上，对准螺栓孔 注意：混用不同尺寸、品牌或类型的轮胎可能导致车辆失控
11		用手拧上车轮螺母，再用套筒扳手预紧 注意：如果车轮螺母没有预紧到位，车辆降下后可能会损坏车轮______或______
12	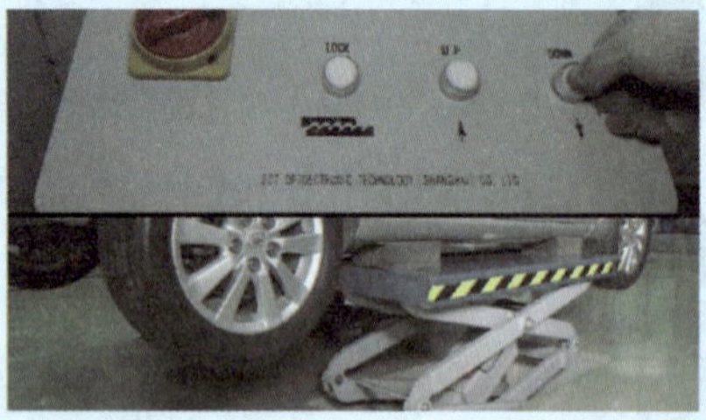	按下举升机控制面板上的______按钮，降下车辆 注意：（1）使用剪式举升机时，一般需要接通____________。在按下DOWN按钮后，举升机会少许举升车辆，举升机________________解除后，车辆才会下降 （2）剪式举升机的安全锁止装置有时会出现两侧解锁不同步，确认________________都解锁后方可下降，以免导致车辆______甚至______
13		用车轮挡块抵住各车轮，防止车辆移动
14		用可调式扭力扳手按________顺序，分______次拧紧车轮螺母，最后按____N·m扭矩拧紧

续表

序号	图示	步骤及技术要点
15		拿掉海绵垫块和车轮挡块，车轮安装完毕
16		整理工具，并按照“5S”要求恢复场地

任务评价

项目	作业内容	评价要点	配分	评价
准备工作	场地准备	工位应干净、整洁，地面无油污	1	□
		车辆停靠在举升机合适位置	1	□
	车辆防护	铺设翼子板及前格栅布	2	□
		铺设车内四件套	2	□
	人员防护	工作服穿戴整齐	2	□
		拆装操作时应戴棉纱手套	2	□
	工具、量具检查	检查举升机等是否能正常工作	3	□
		检查工具套装是否齐全、整洁	2	□
操作	操作要点	能用举升机举升车辆至合适位置并锁止	5	□
		能按对角线顺序拆卸车轮螺母	5	□
		能根据驱动方式、备胎类型等选择正确的交叉换位方法	10	□
		能按对角线顺序安装车轮螺母	5	□

续表

项目	作业内容	评价要点	配分	评价
操作	技术规范	能知道车辆轮胎离地，用指针式扭力扳手预松车轮螺母时，车轮会沿受力方向转动，无法预松车轮螺母	5	□
		能知道车辆稍微离地即要检查车辆支撑是否牢靠	5	□
		拆装轮胎时，能配合使用棘轮手柄与套筒	5	□
		能知道将轮胎放置在地面上时，应使带车轮标志的一侧朝上	5	□
		能知道轮胎换位方法应根据驱动系统、备胎类型和特征的不同而调整	5	□
		能知道混用不同尺寸、品牌或类型的轮胎可能导致车辆失控	5	□
		能知道若车轮螺母没有预紧到位，车辆降下后可能会损坏车轮螺栓或螺母	5	□
职业素养	安全及合作	特殊操作应佩戴安全帽、防酸碱手套或绝缘手套、护目镜等防护用品	5	□
		小组作业时应互相配合、合理分工，不可发生争执	5	□
	“5S”管理	现场无杂物，工具、量具应分类放置，不应有其他安全隐患	3	□
		废弃物应环保处理，废弃油液不可随意排放，应按要求放入指定容器	3	□
		操作环境应保持干净、整齐，及时清理灰尘、杂物等	3	□
		能按照维修手册要求操作，养成良好的作业习惯	3	□
		操作完成后应对工具进行清点、检查，并做好设备维护和保养工作	3	□
总评分				

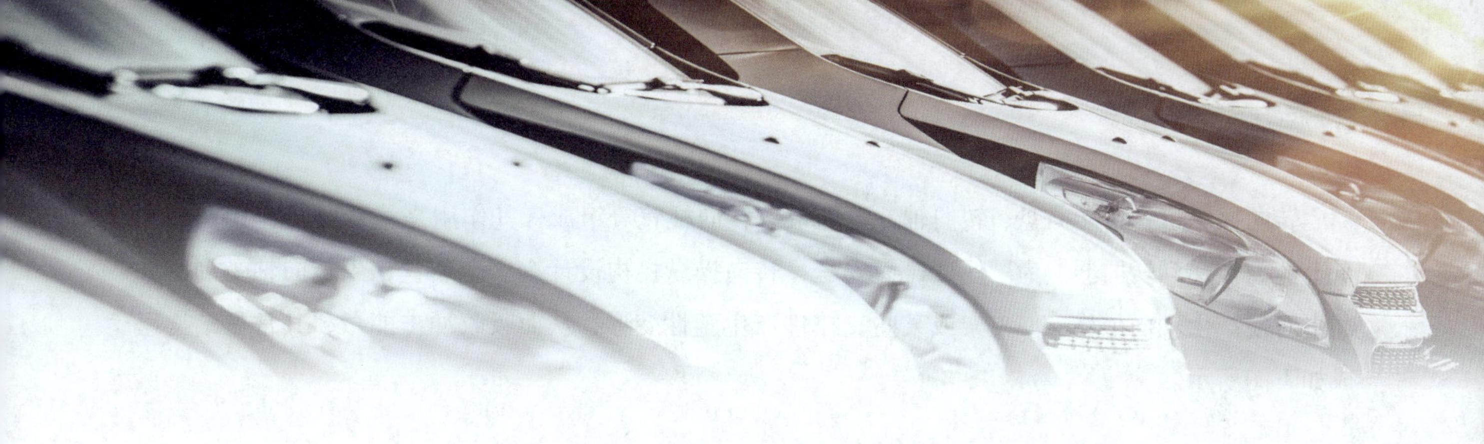

任务二十三

转向操纵机构的拆卸

学习目标

1. 能正确写出拆卸转向操纵机构所需的设备、工具。
2. 能根据维修手册正确使用工具拆卸转向操纵机构。
3. 能正确叙述拆卸转向操纵机构的操作步骤及注意事项。

任务描述

一辆丰田卡罗拉 1.6L 轿车进店维修，客户反映操纵转向盘左转弯时，感到费力或转动阻力过大。经维修技师检查后，建议对转向操纵机构进行拆卸。本任务的主要内容是拆卸转向操纵机构。

问题：拆卸转向操纵机构时有哪些注意事项？

____

____

相关知识

转向系的功用是按照驾驶员的意愿改变汽车的行驶方向和保持汽车稳定地直线行驶。汽车转向系按转向动力源的不同分为机械转向系和动力转向系两大类。机械转向系由转向操纵机构、转向器和转向传动机构三大部分组成，以驾驶员的体力作为转向动力源。动力转向系除了驾驶员的体力外，还以汽车的动力作为辅助转向能源，又可以分为液压式和电动式两类。

转向操纵机构由转向盘、转向轴、万向节、转向柱管等组成，其作用是将驾驶员作用在转向盘上的力传递到转向器。为了保证碰撞安全，转向操纵机构设计有安全装置，当转向轴受到巨大冲击时便产生轴向位移，使支架或某些支撑件产生塑性变形，从而吸收冲击能量，其常见结构组成如下图所示。

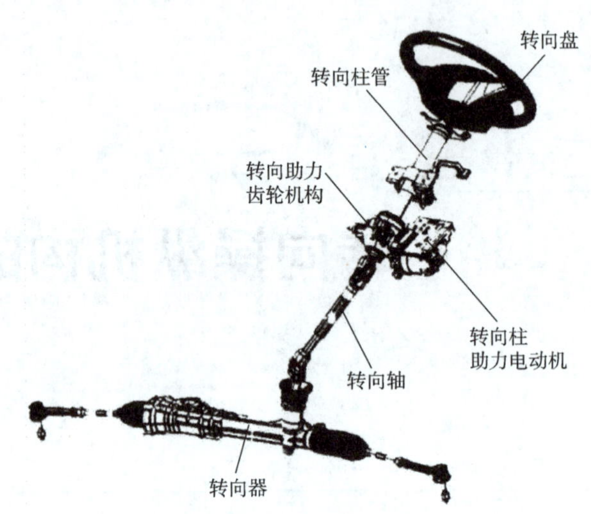

转向操纵机构常见结构组成

任务准备

1. 工具器材

操作前需要准备以下设备、工具及辅助材料（以单工位为例）。

设备、工具及辅助材料

序号	名称	规格	数量
1	丰田卡罗拉轿车	1. 6L	1
2	举升机	双柱式	1
3	工具车	JTC 三层	1
4	内饰板拆装专用工具	—	1
5	记号笔	—	1
6	棉纱手套	—	若干

2. 分工及操作

职务	代码	姓名	工作内容
组长	A		
组员	B		
	C		
	D		

任务实施

下面以丰田卡罗拉 1.6L 车型为例，介绍转向操纵机构的拆卸方法。

序号	图示	步骤及技术要点
1		拆下转向盘总成、组合开关总成等部件
2		拆下上仪表板分总成
3		掀起地毯，拆下___个卡子和转向柱孔盖消音板
4		滑动收发器钥匙放大器以分离________

续表

序号	图示	步骤及技术要点
5		断开收发器钥匙放大器连接器，以拆下收发器钥匙放大器
6	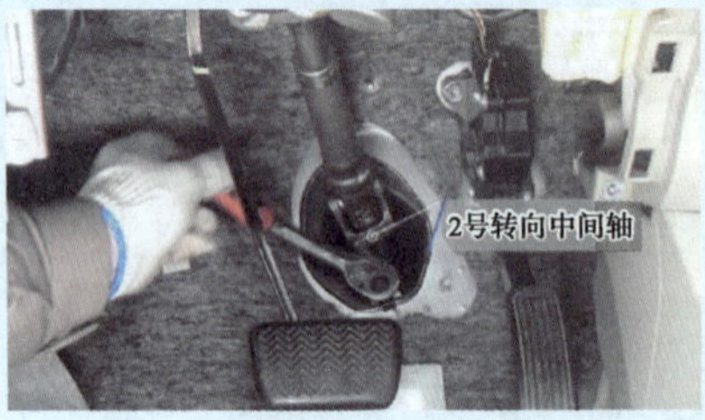	拆下2号________________上的螺栓 注意：不要将2号转向中间轴总成从转向中间轴上分离
7		用记号笔在2号转向中间轴总成和转向中间轴上做装配标记，防止安装位置出错，影响汽车可靠运行
8	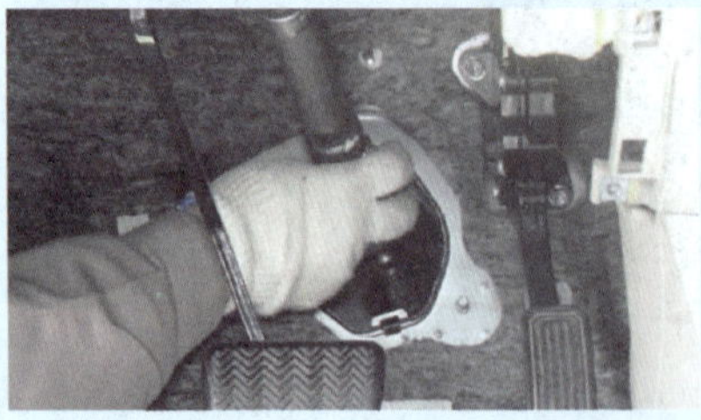	将2号转向中间轴总成从转向中间轴上分离
9		断开制动灯开关连接器，逆时针转动并拆下制动灯开关总成

续表

序号	图示	步骤及技术要点
10		脱开驻车制动灯开关座调节器的 2 个卡夹，拆下调节器
11	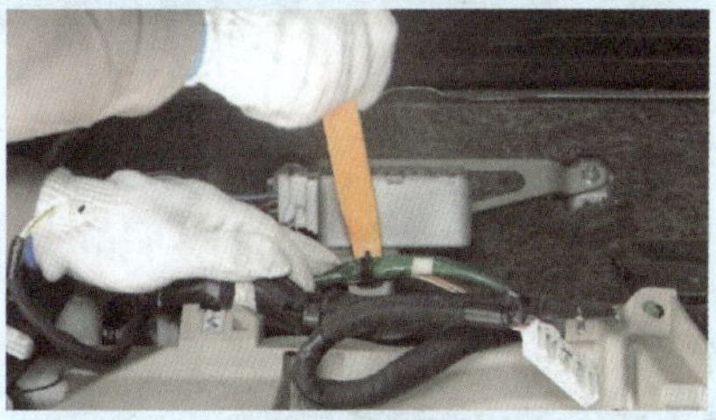	用内饰板拆装专用工具从________________________上分离线束卡夹
12	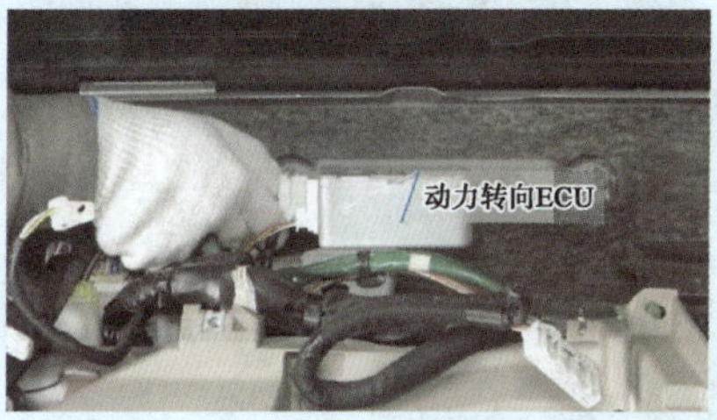	从动力转向 ECU 总成上断开 2 个连接器
13	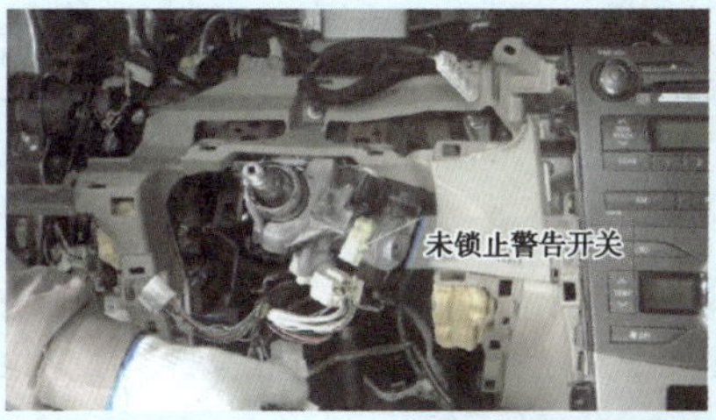  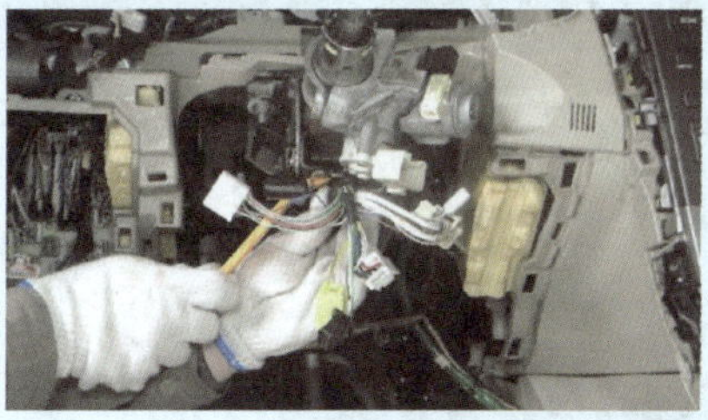	断开未锁止警告开关、__________、______________________，将线束卡夹从转向柱总成上脱开
14		拆下转向柱总成螺栓

续表

序号	图示	步骤及技术要点
15	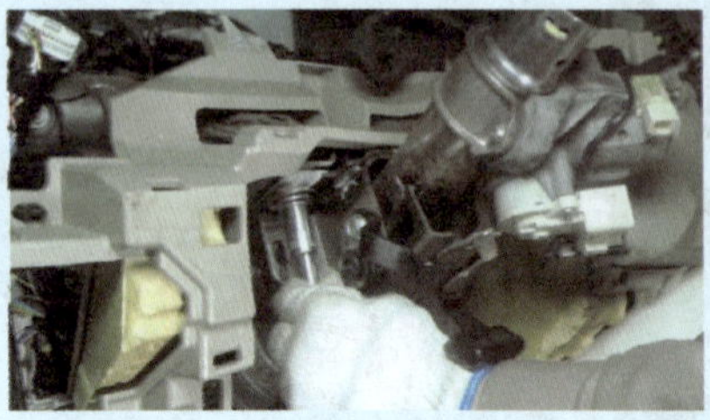 	拆下转向柱总成上的 2 个螺母，拆下转向柱总成 注意：未将转向柱总成安装到车辆时，不要松开____________
16		拆卸 2 号转向中间轴总成上的螺栓
17	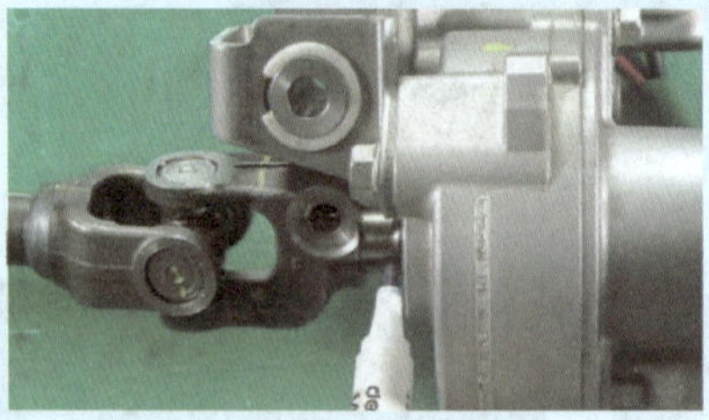	用记号笔在 2 号转向中间轴总成和转向柱总成上做__________
18	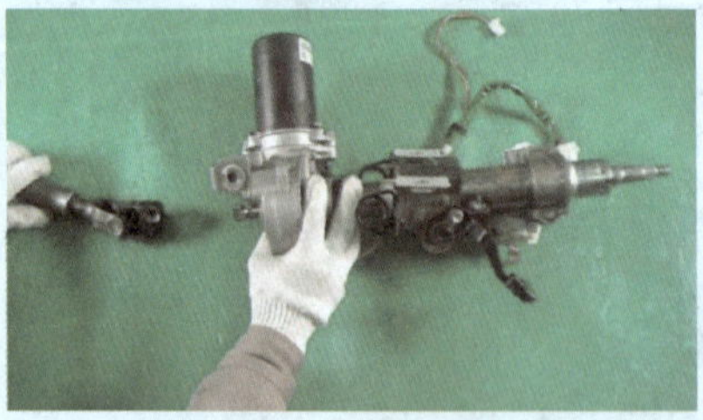	从转向柱总成上拆下 2 号转向中间轴总成
19	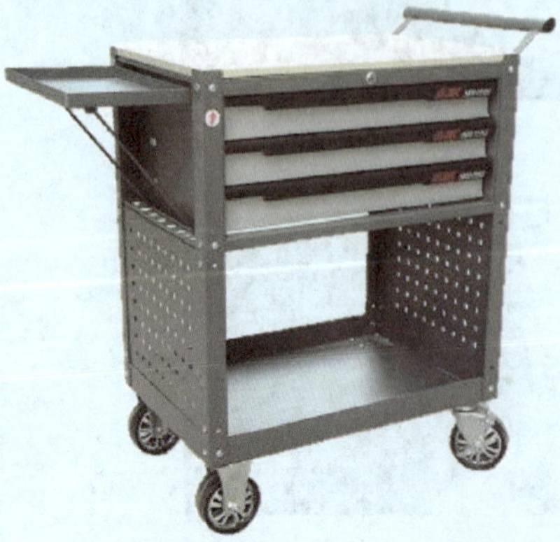	整理工具，并按照“5S”要求恢复场地

任务评价

项目	作业内容	评价要点	配分	评价
准备工作	场地准备	工位应干净、整洁，地面无油污	1	□
		车辆停靠在举升机合适位置	1	□
	车辆防护	铺设翼子板及前格栅布	2	□
		铺设车内四件套	2	□
	人员防护	工作服穿戴整齐	2	□
		操作时应戴棉纱手套	2	□
	工具、量具检查	检查拆卸工具套装是否齐全、整洁	5	□
操作	操作要点	能拆下转向盘总成、组合开关总成等部件	8	□
		能滑动收发器钥匙放大器以分离2个卡夹	12	□
		能断开制动灯开关连接器，逆时针转动并拆下制动灯开关总成	8	□
		能断开未锁止警告开关、点火开关、钥匙互锁电磁阀连接器	8	□
		能从转向柱总成上拆下2号转向中间轴总成	9	□
	技术规范	拆下2号转向中间轴总成上的螺栓时，能知道不要将2号转向中间轴总成从转向中间轴上分离	5	□
		能使用记号笔在2号转向中间轴总成和转向中间轴上做装配标记，防止安装位置出错	5	□
		能知道未将转向轴总成安装到车辆时，不要松开倾斜度调节杆	5	□
职业素养	安全及合作	特殊操作应佩戴安全帽、防酸碱手套或绝缘手套、护目镜等防护用品	5	□
		小组作业时应互相配合、合理分工，不可发生争执	5	□
	"5S" 管理	现场无杂物，工具、量具应分类放置，不应有其他安全隐患	3	□
		废弃物应环保处理，废弃油液不可随意排放，应按要求放入指定容器	3	□
		操作环境应保持干净、整齐，及时清理灰尘、杂物等	3	□
		能按照维修手册要求操作，养成良好的作业习惯	3	□
		操作完成后应对工具进行清点、检查，并做好设备维护和保养工作	3	□
总评分				

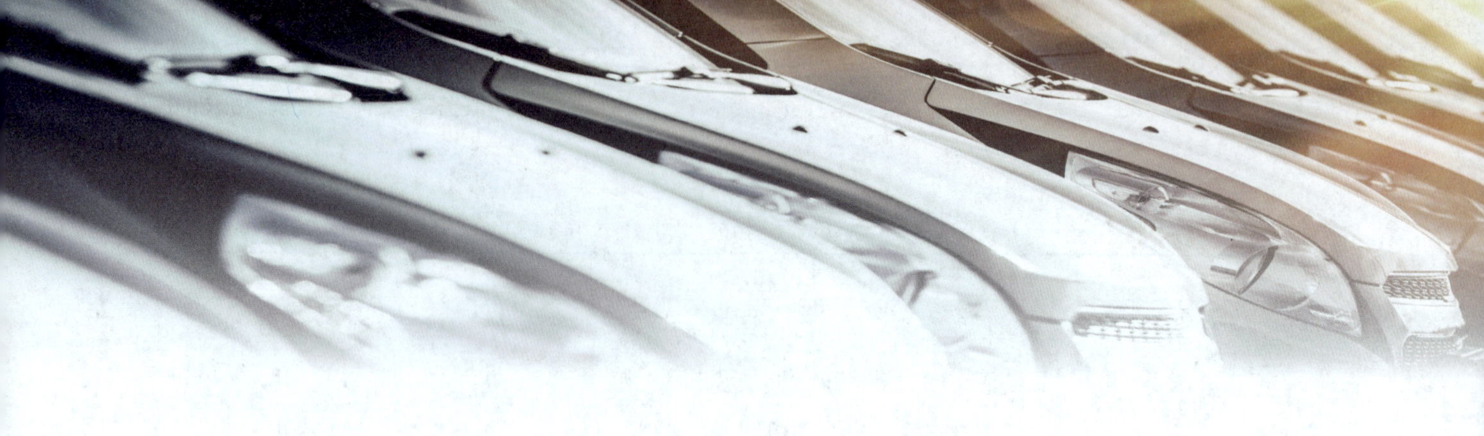

任务二十四 转向操纵机构的安装

学习目标

1. 能正确写出安装转向操纵机构所需的设备、工具。
2. 能根据维修手册正确使用工具安装转向操纵机构。
3. 能正确叙述安装转向操纵机构的操作步骤及注意事项。

任务描述

上一任务已完成转向操纵机构的拆卸，本任务的主要内容是将新的转向操纵机构安装到汽车上。

问题：用螺栓和螺母安装转向柱总成时所需要的扭矩为多少？

____

____

任务准备

1. 工具器材

操作前需要准备以下设备、工具及辅助材料（以单工位为例）。

设备、工具及辅助材料

序号	名称	规格	数量
1	丰田卡罗拉轿车	1. 6L	1
2	举升机	双柱式	1

续表

序号	名称	规格	数量
3	可调式扭力扳手	5 ~ 60 N · m	1
4	棉纱手套	—	若干

2. 分工及操作

职务	代码	姓名	工作内容
组长	A		
组员	B		
	C		
	D		

任务实施

下面以丰田卡罗拉 1.6L 车型为例，介绍转向操纵机构的安装方法。

序号	图示	步骤及技术要点
1		将 2 号转向中间轴总成与转向柱总成上的装配标记对齐，安装螺栓，扭矩为____N · m
2	衬套	检查并确认 2 个衬套牢固安装到转向柱总成上
3		用螺栓和 2 个螺母安装转向柱总成，可调式扭力扳手扭矩为___N · m 注意：不要损坏 2 个衬套。不要通过撬动轴环或衬套来对准螺栓孔

续表

序号	图示	步骤及技术要点
4	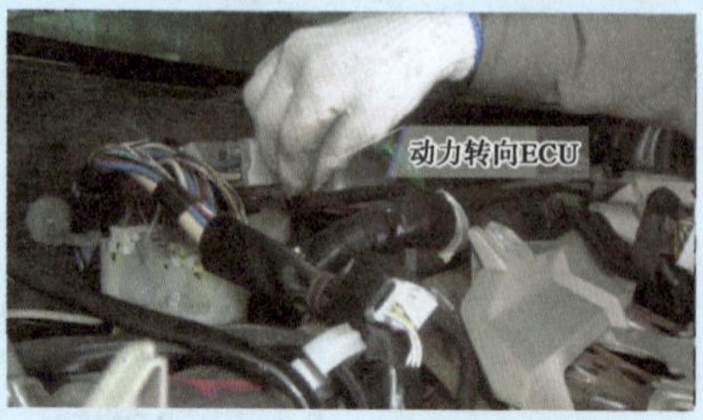 动力转向ECU	将 2 个连接器连接至___________________________，将线束卡夹安装到动力转向 ECU 总成支架上
5	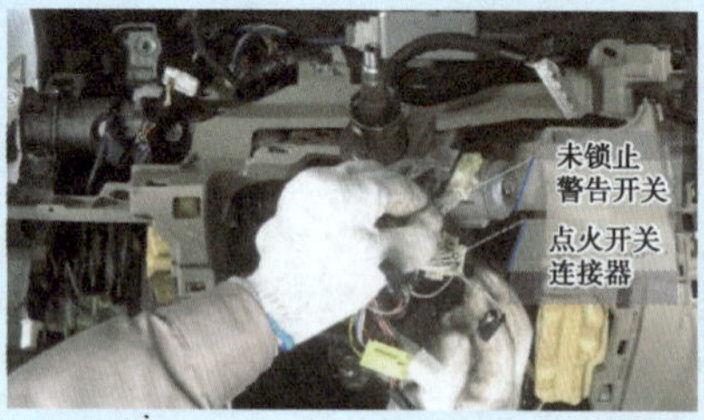 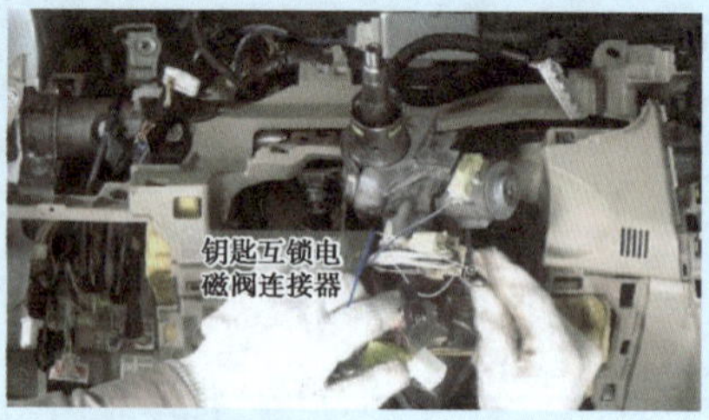 未锁止警告开关 点火开关连接器 钥匙互锁电磁阀连接器	将线束卡夹连接至转向柱总成支架上，连接点火开关、未锁止警告开关、钥匙互锁电磁阀连接器
6		将前轮转向正前位置
7	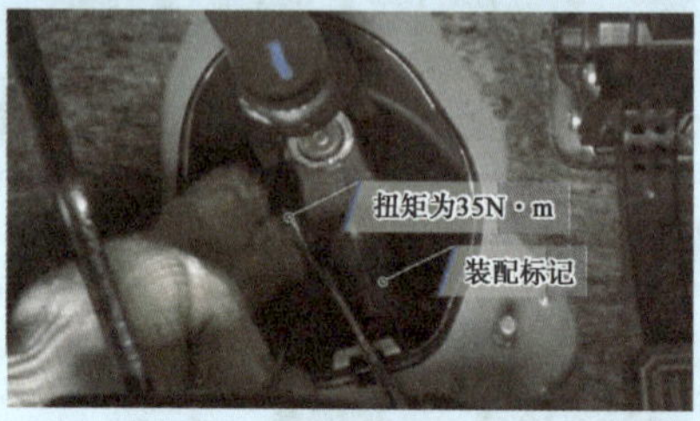 扭矩为35N·m 装配标记	将 2 号转向中间轴总成与转向中间轴总成上的装配标记对齐，安装螺栓，扭矩为___N·m
8	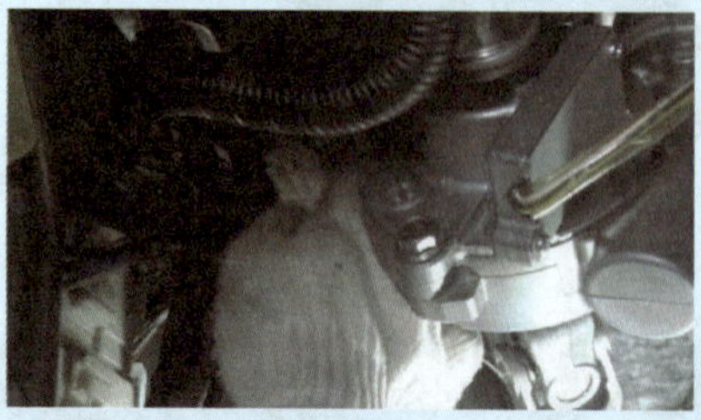	接合 2 个卡夹以安装驻车制动灯开关座调节器
9		安装制动灯开关总成，连接其连接器

续表

序号	图示	步骤及技术要点
10	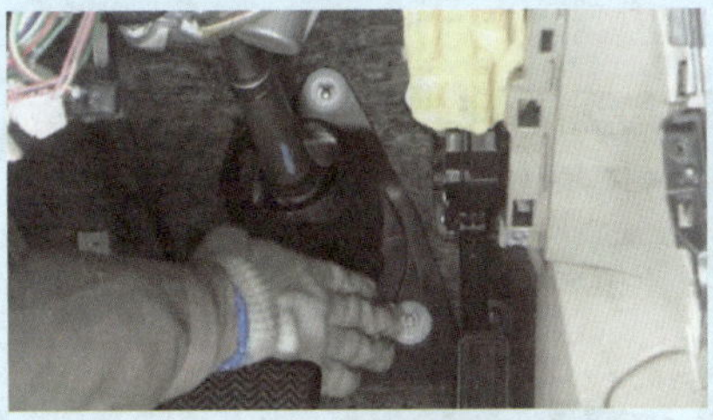	用 2 个卡子安装转向柱孔盖消音板
11	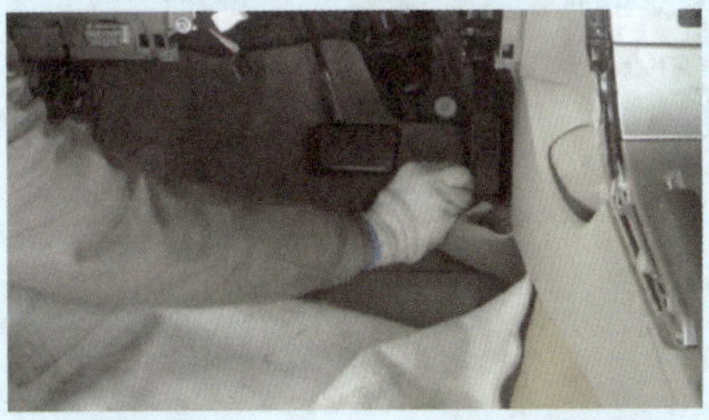	安装地毯
12	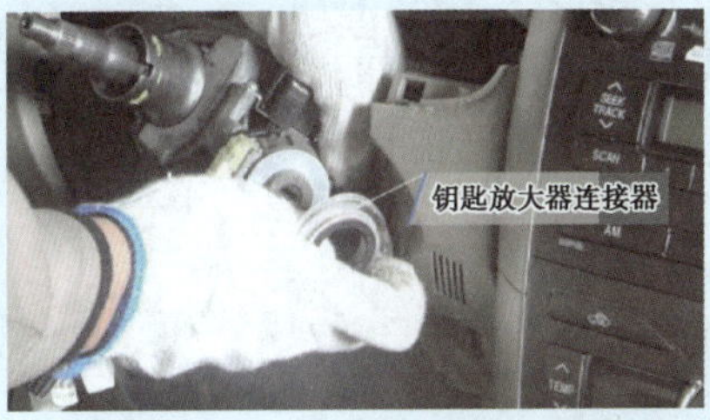	连接收发器钥匙放大器连接器
13		滑动 2 个卡夹安装收发器钥匙放大器
14		安装________________、组合开关总成等部件
15	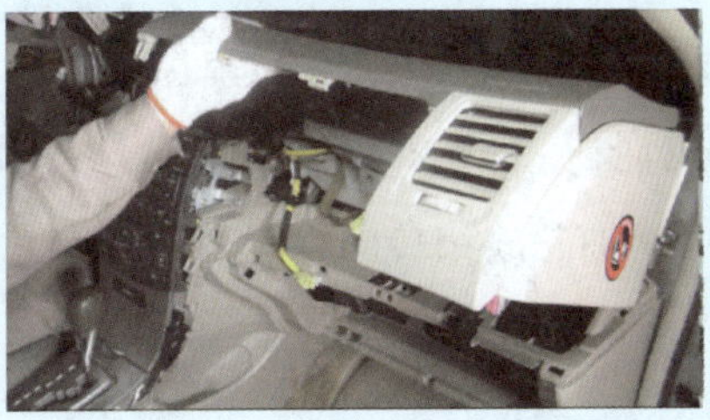	安装上仪表板分总成

续表

序号	图示	步骤及技术要点
16	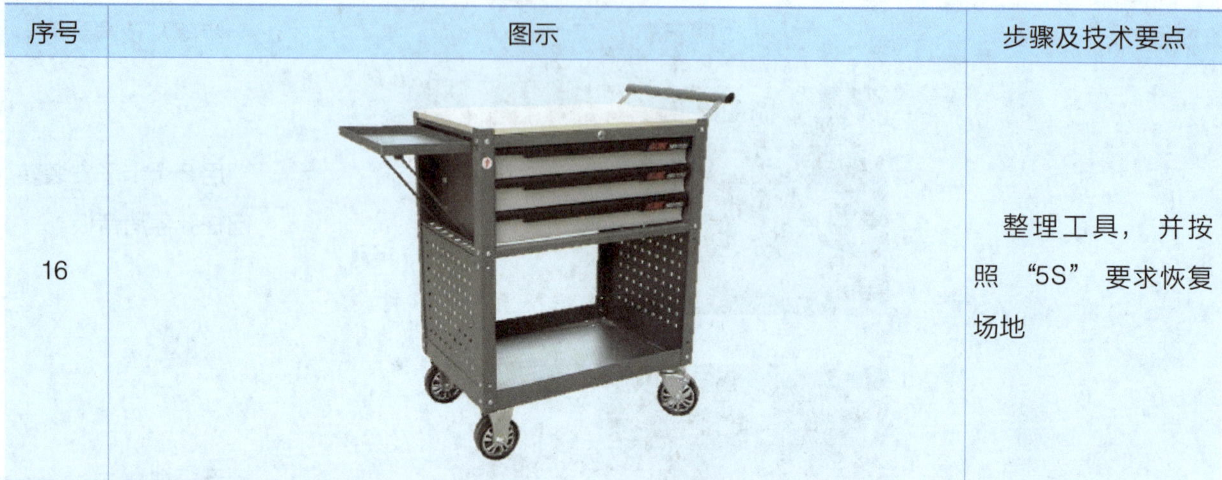	整理工具，并按照“5S”要求恢复场地

任务评价

项目	作业内容	评价要点	配分	评价
准备工作	场地准备	工位应干净、整洁，地面无油污	1	□
		车辆停靠在举升机合适位置	1	□
	车辆防护	铺设翼子板及前格栅布	2	□
		铺设车内四件套	2	□
	人员防护	工作服穿戴整齐	2	□
		操作时应戴棉纱手套	2	□
	工具、量具检查	检查安装工具套装是否齐全、整洁	5	□
操作	操作要点	能对齐2号转向中间轴总成和转向柱总成上的装配标记，并安装螺栓	8	□
		能用螺栓和2个螺母安装转向柱总成	12	□
		能正确连接点火开关、未锁止警告开关、钥匙互锁电磁阀连接器	8	□
		能滑动2个卡夹安装收发器钥匙放大器	8	□
		能安装转向盘总成、组合开关总成等部件	9	□
	技术规范	在安装转向柱总成时，不要损坏2个衬套	5	□
		在安装各转向中间轴时，能对准装配标记	5	□
		在安装2号转向中间轴总成和转向中间轴总成前，能将前轮转向正前位置	5	□

续表

项目	作业内容	评价要点	配分	评价
职业素养	安全及合作	特殊操作应佩戴安全帽、防酸碱手套或绝缘手套、护目镜等防护用品	5	□
		小组作业时应互相配合、合理分工，不可发生争执	5	□
	“5S”管理	现场无杂物，工具、量具应分类放置，不应有其他安全隐患	3	□
		废弃物应环保处理，废弃油液不可随意排放，应按要求放入指定容器	3	□
		操作环境应保持干净、整齐，及时清理灰尘、杂物等	3	□
		能按照维修手册要求操作，养成良好的作业习惯	3	□
		操作完成后应对工具进行清点、检查，并做好设备维护和保养工作	3	□
总评分				

任务二十五 鼓式制动器的拆检

学习目标

1. 能正确写出拆检鼓式制动器所需的设备、 工具和量具。
2. 能根据维修手册正确使用工具、 量具检测领蹄、 从蹄摩擦衬片等零部件。
3. 能正确叙述拆检鼓式制动器的操作步骤及注意事项。

任务描述

一辆大众 POLO 1.4L 轿车进店维修，客户反映汽车制动分泵容易抱死、漏油，经维修技师检查后，建议对鼓式制动器进行拆检。本任务的主要内容是拆检鼓式制动器。

问题 1：拆下制动鼓前，需要踩下制动踏板至少多少次？

____

____

问题 2：在拆卸鼓式制动器时，应使用哪些专用工具？

____

____

相关知识

简单的鼓式车轮制动器由旋转部分、固定部分、促动装置和定位调整装置组成，如图 1 所示。

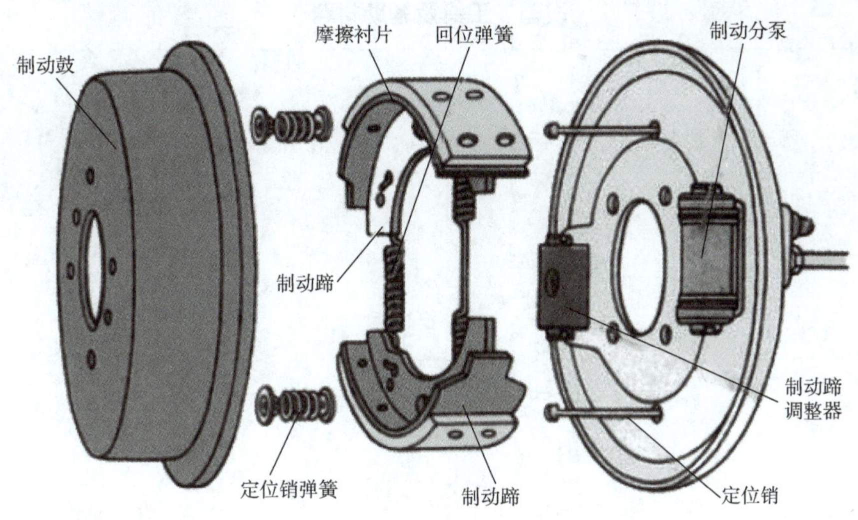

图 1 鼓式制动器结构图

以内张式鼓式制动器为例，通常分为轮缸张开式车轮制动器、凸轮张开式车轮制动器和楔式车轮制动器。轮缸张开式车轮制动器一般应用在轿车后桥上。本任务以上海大众 POLO 轿车为例，其制动器属于凸轮张开式，其结构组成如图 2 所示。

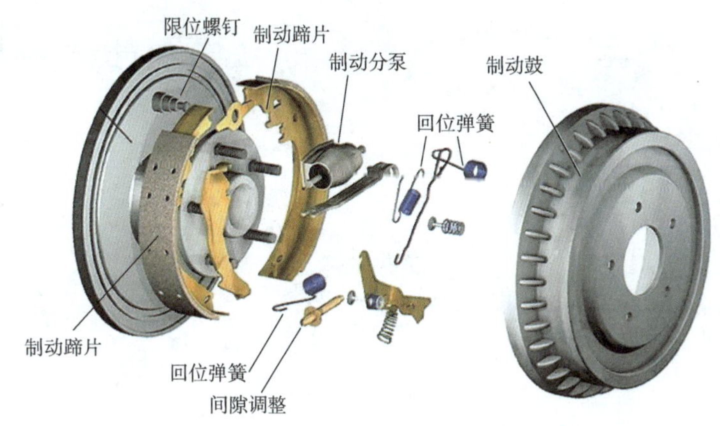

图 2 凸轮张开式制动器结构组成

根据制动过程中两制动蹄产生的制动力矩不同，鼓式制动器可分为领从蹄式、双领蹄式、双向双领蹄式、双从蹄式、单向自增力式和双向自增力式。本任务中上海大众 POLO 轿车属于领从蹄式制动器。

 任务准备

1. 工具器材

操作前需要准备以下设备、工具及辅助材料（以单工位为例）。

设备、工具及辅助材料

序号	名称	规格	数量
1	大众 POLO 轿车	1. 4L	1
2	举升机	剪式	1
3	工具车	JTC 三层	1
4	车轮挡块	—	4
5	汽车一次性保护套	—	1
6	台虎钳	0 ~ 200 mm	1
7	游标卡尺	0 ~ 300 mm	1
8	弹簧拆装专用工具	—	1
9	棉纱手套	—	若干
10	抹布	—	1

2. 分工及操作

职务	代码	姓名	工作内容
组长	A		
组员	B		
	C		
	D		

任务实施

下面以大众 POLO 1. 4L 车型为例，介绍鼓式制动器的拆检方法。

序号	图示	步骤及技术要点
1		将车辆停靠在举升机合适位置

续表

序号	图示	步骤及技术要点
2	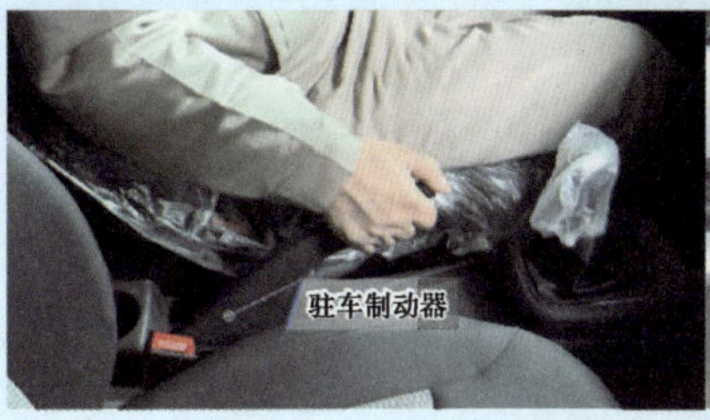 	安装汽车一次性保护套，并拉紧________，用车轮挡块固定两个前轮
3		拆下左后轮装饰罩
4		举升车辆，按正确方法拆下左后轮
5	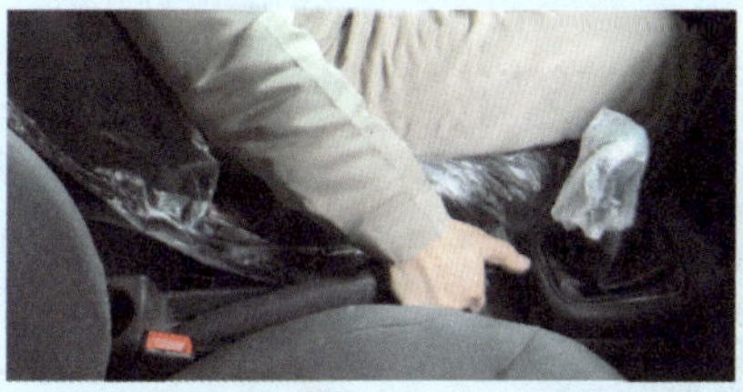	松开驻车制动器
6	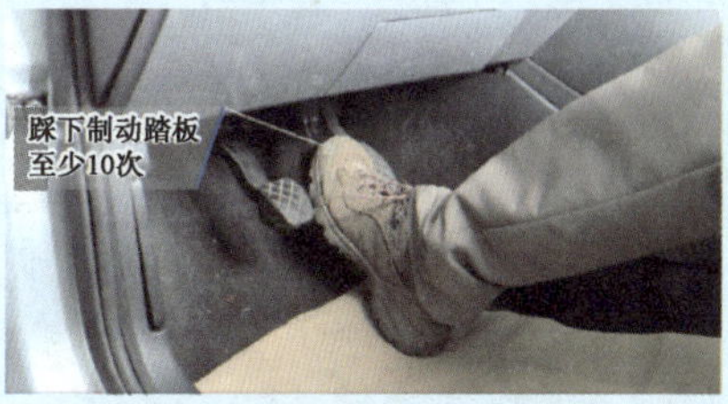	踩下制动踏板至少___次
7		拆下制动鼓定位螺钉

续表

序号	图示	步骤及技术要点
8		拆下制动鼓
9		用______清理制动器零件上的粉尘 注意：不得用______或______清理车轮制动零件，避免含有石棉纤维的粉尘混入空气中，若人体吸入石棉纤维将受到严重损害
10	 轮毂轴承盖	用一字旋具拆下车轮轮毂轴承盖
11	  轮毂轴承	拆下轮毂轴承的固定螺母，取下轮毂轴承
12	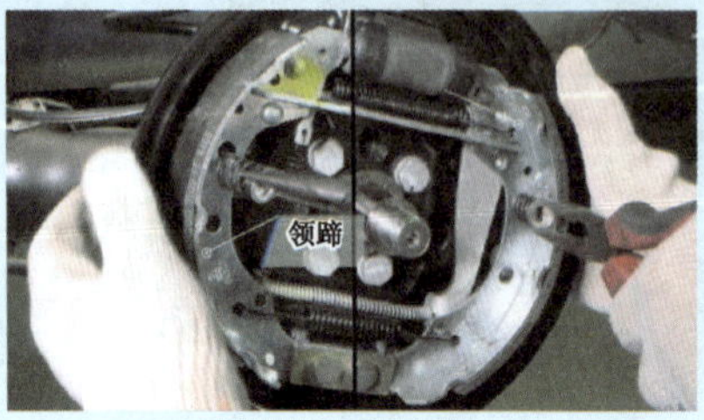 领蹄	用______松开领蹄与从蹄定位锁片，取下弹簧及锁销

续表

序号	图示	步骤及技术要点
13	 	用____________ ____________拆下下回位弹簧 注意：在拆卸和安装鼓式制动器时，应使用_____ ________________，防止弹簧因弹力较大而______或弹出伤人
14	 	从制动器底板上取下制动蹄总成，用尖嘴钳将驻车制动器拉索与拉杆分离
15	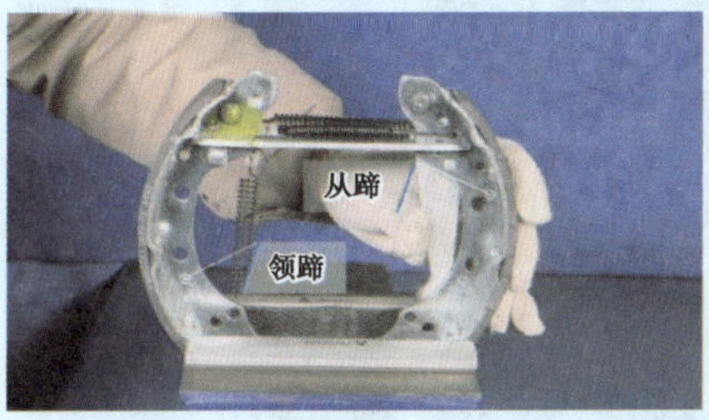	将制动蹄总成固定在台虎钳上
16		用弹簧拆装专用工具拆下自动间隙调整楔块上的弹簧
17	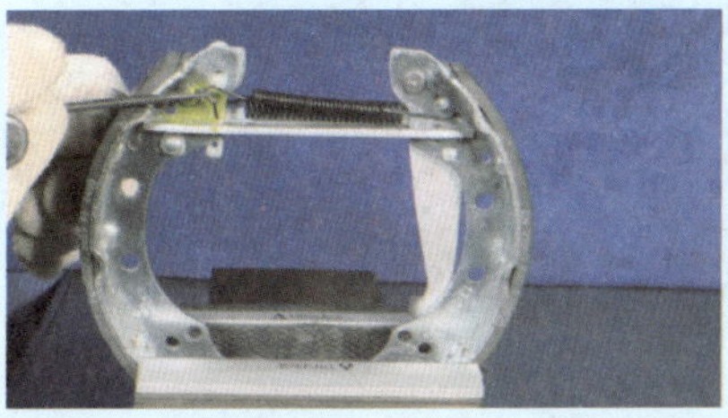	用弹簧拆装专用工具拆下上回位弹簧

续表

序号	图示	步骤及技术要点
18	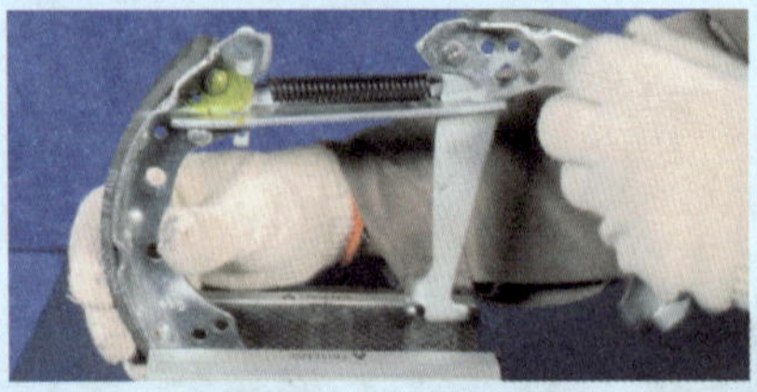	松开台虎钳，取下带驻车制动拉杆的______
19	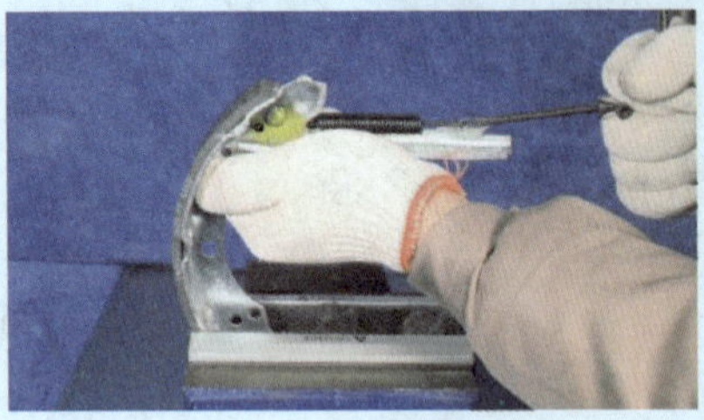 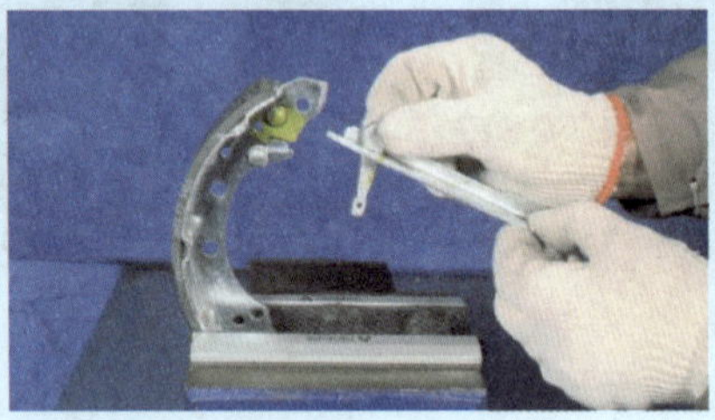	再次固定领蹄及推杆总成，用弹簧拆装专用工具拆下推杆弹簧，取下______及______
20		将领蹄从台虎钳上取下 注意：拆下的零部件应__________
21	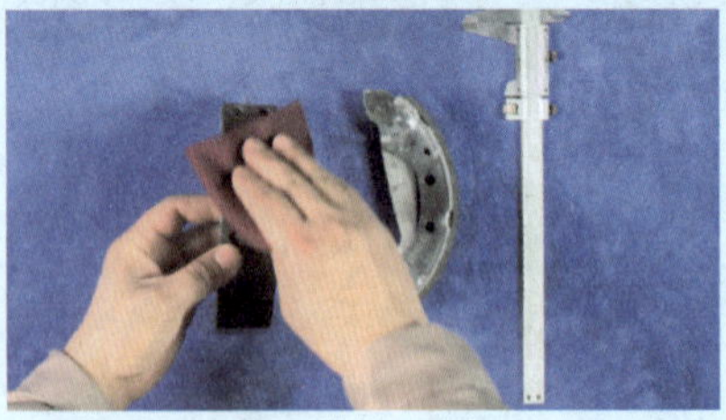	用湿抹布清洁制动蹄
22	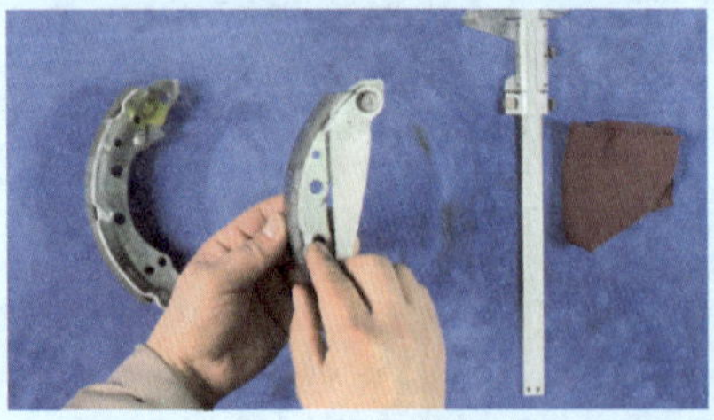	目视检查制动蹄外观应无______、______等缺陷
23	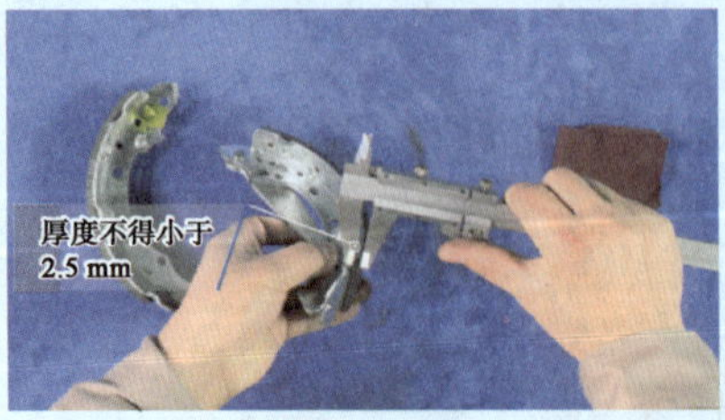 厚度不得小于2.5 mm	用游标卡尺测得领、从蹄摩擦衬片厚度不得小于____mm 注意：必须按车桥成套更换________和__________总成

续表

序号	图示	步骤及技术要点
24		目视检查制动鼓应无裂纹、划伤等缺陷
25		用游标卡尺测量制动鼓内径，制动鼓最大内径为______mm
26		整理工具，并按照“5S”要求恢复场地

任务评价

项目	作业内容	评价要点	配分	评价
准备工作	场地准备	工位应干净、整洁，地面无油污	1	□
		车辆停靠在举升机合适位置	1	□
	车辆防护	铺设翼子板及前格栅布	2	□
		铺设车内四件套并安装汽车一次性保护套	2	□
	人员防护	工作服穿戴整齐	2	□
		操作时应戴棉纱手套	2	□
	工具、量具检查	检查台虎钳、游标卡尺等是否能正常工作	3	□
		检查工具套装是否齐全、整洁	2	□

续表

项目	作业内容	评价要点	配分	评价
操作	操作要点	能正确拆卸左后轮装饰罩和左后轮	5	□
		能拆下制动鼓定位螺钉，并取下制动鼓	5	□
		能拆下轮毂轴承的固定螺母，取下轮毂轴承	5	□
		能用弹簧拆装专用工具拆卸上、下回位弹簧	6	□
		能从制动器底板上取下制动蹄总成	6	□
		能目视检查制动蹄外观、制动鼓的损伤等	6	□
		能用游标卡尺检测制动蹄厚度及制动鼓内径	7	□
	技术规范	能知道不得用干刷子或压缩空气清理车轮制动零件	5	□
		在拆卸和安装鼓式制动器时，能使用弹簧拆装专用工具	5	□
		能知道拆下的零件应有序摆放	5	□
		能知道必须按车桥成套更换制动蹄和摩擦衬片总成	5	□
职业素养	安全及合作	特殊操作应佩戴安全帽、防酸碱手套或绝缘手套、护目镜等防护用品	5	□
		小组作业时应互相配合、合理分工，不可发生争执	5	□
	“5S”管理	现场无杂物，工具、量具应分类放置，不应有其他安全隐患	3	□
		废弃物应环保处理，废弃油液不可随意排放，应按要求放入指定容器	3	□
		操作环境应保持干净、整齐，及时清理灰尘、杂物等	3	□
		能按照维修手册要求操作，养成良好的作业习惯	3	□
		操作完成后应对工具进行清点、检查，并做好设备维护和保养工作	3	□
总评分				

任务二十六 鼓式制动器的安装

学习目标

1. 能正确写出安装鼓式制动器所需的设备、工具。
2. 能根据维修手册正确使用工具安装鼓式制动器。
3. 能正确叙述安装鼓式制动器的操作步骤及注意事项。

任务描述

拆检完的鼓式制动器应根据维修手册要求正确安装。上一任务已完成鼓式制动器的拆检，本任务的主要内容是将拆检完的鼓式制动器重新安装到汽车上。

问题1：安装新的轮毂轴承密封盖时，需要进行什么操作？

____

____

问题2：将制动蹄总成固定在台虎钳上时，需要用弹簧拆装专用工具将什么安装到位，使领蹄与推杆压紧？

____

____

任务准备

1. 工具器材

操作前需要准备以下设备、工具及辅助材料（以单工位为例）。

设备、工具及辅助材料

序号	名称	规格	数量
1	大众 POLO 轿车	1. 4L	1
2	举升机	双柱式	1
3	工具车	JTC 三层	1
4	可调式扭力扳手	10 ~ 150 N · m、0. 5 ~ 5 N · m	2
5	台虎钳	0 ~ 200 mm	1
6	橡胶锤	—	1
7	角度规	100 mm	1
8	弹簧拆装专用工具	—	1
9	棉纱手套	—	若干

2. 分工及操作

职务	代码	姓名	工作内容
组长	A		
组员	B		
	C		
	D		
	E		

任务实施

下面以大众 POLO 1. 4L 车型为例，介绍鼓式制动器的安装方法。

序号	图示	步骤及技术要点
1	领蹄 自动间隙调整楔块 推杆	将领蹄固定在台虎钳上，将自动间隙调整楔块及推杆安装至____________内，用弹簧拆装专用工具安装弹簧以固定推杆

续表

序号	图示	步骤及技术要点
2	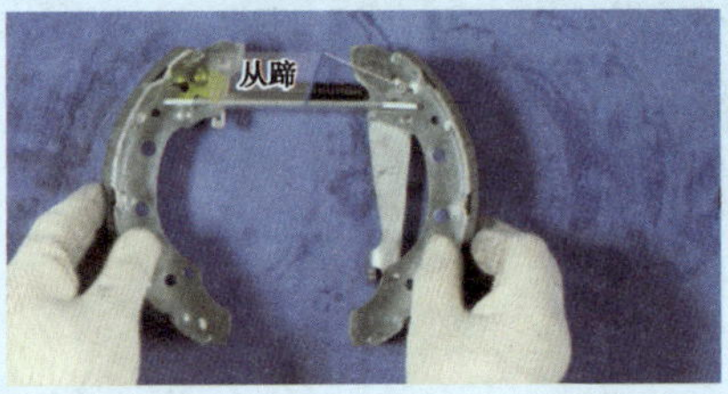 从蹄	将带有驻车制动拉杆的从蹄装入推杆卡槽内
3	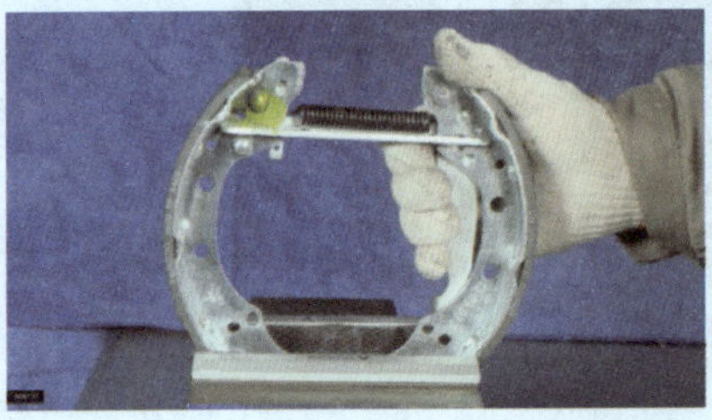 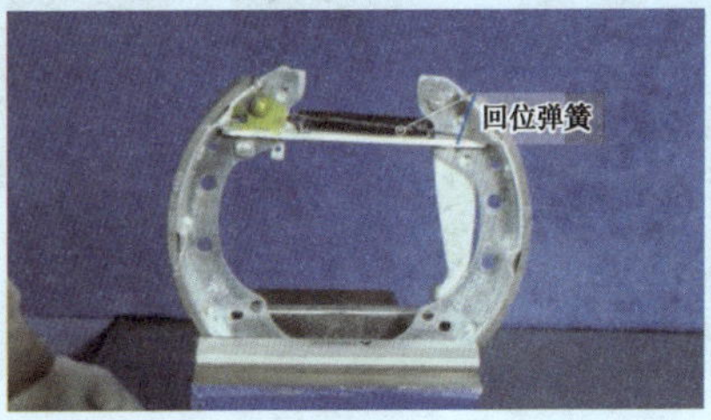 回位弹簧	将________总成固定在台虎钳上，用弹簧拆装专用工具将上回位弹簧安装到位，使从蹄与推杆压紧
4	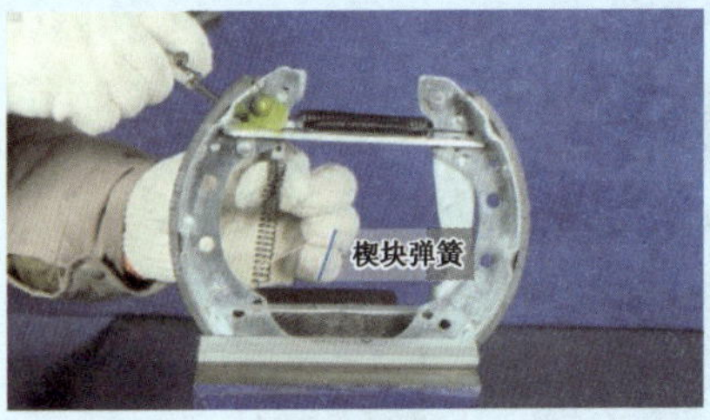 楔块弹簧	用弹簧拆装专用工具安装__________，制动蹄总成组装完毕，将其从台虎钳上取下
5	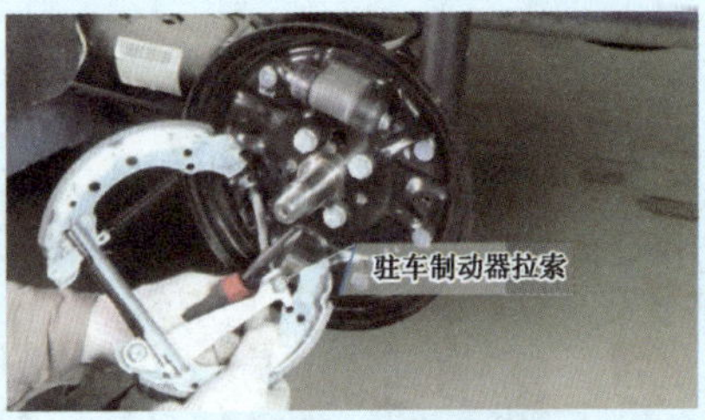 驻车制动器拉索	压缩驻车制动器拉索上的弹簧，用________固定，将驻车制动器拉索与______连接
6	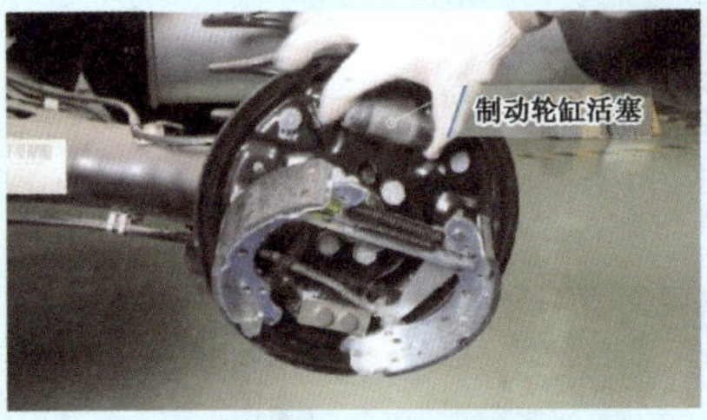  制动轮缸活塞 制动底板	用手压缩________________，将制动蹄总成安装至制动底板上
7	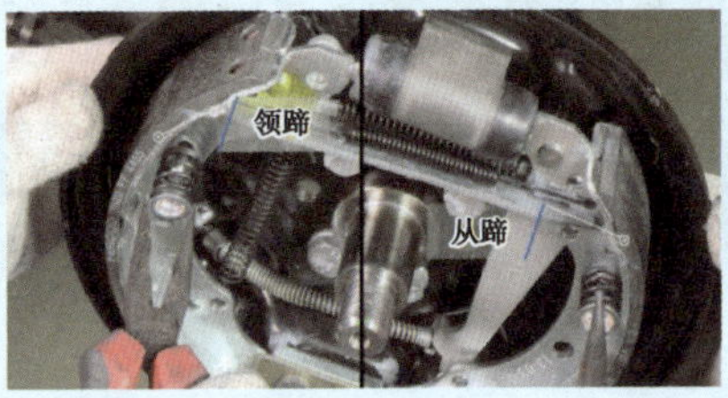 领蹄 从蹄	分别将领蹄和从蹄的定位销及弹簧安装到位，用______固定

续表

序号	图示	步骤及技术要点
8		用弹簧拆装专用工具和尖嘴钳安装下回位弹簧
9		  用可调式扭力扳手和角度规将轮毂轴承安装至轮轴上，用新的锁紧螺母拧紧，扭矩为___N·m +30°
10		安装新的轮毂轴承密封盖，用___________轻轻敲击轴承密封盖，使其安装到位
11		 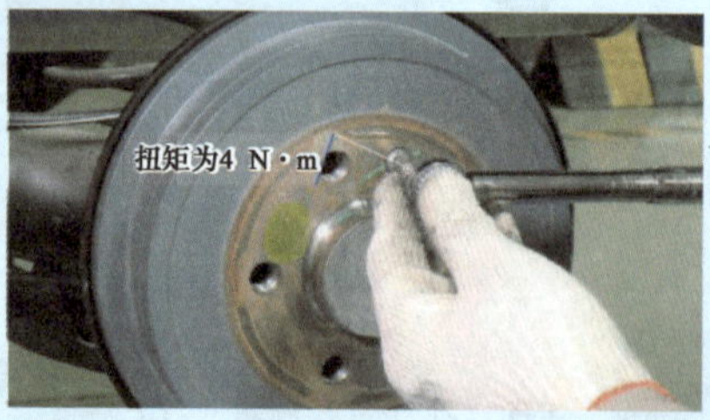 将制动鼓安装至轮毂凸缘上，对准定位螺钉孔，用定位螺钉拧紧，扭矩为___N·m
12		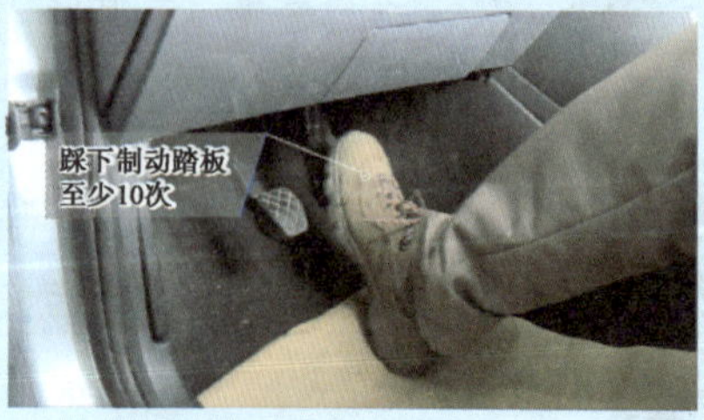 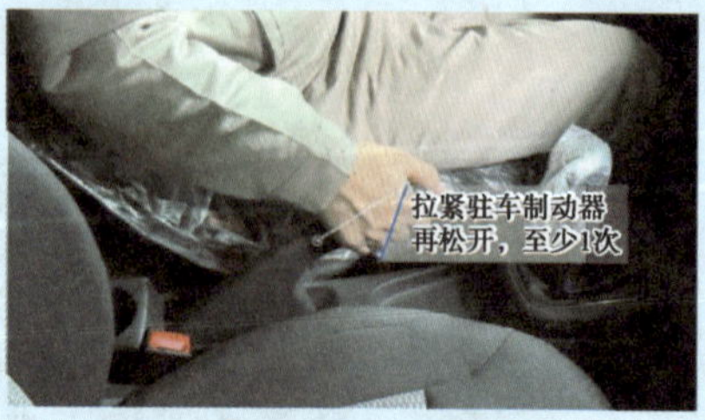 踩下制动踏板至少___次，拉紧驻车制动器再松开，重复此操作至少 1 次，以使制动复位，检查制动鼓转动是否顺畅

续表

序号	图示	步骤及技术要点
13		用正确方法安装车轮，紧固车轮螺栓，可调式扭力扳手扭矩为___N·m，再安装车轮装饰罩
14		整理工具，并按照“5S”要求恢复场地

任务评价

项目	作业内容	评价要点	配分	评价
准备工作	场地准备	工位应干净、整洁，地面无油污	1	□
		车辆停靠在举升机合适位置	1	□
	车辆防护	铺设翼子板及前格栅布	2	□
		铺设车内四件套	2	□
	人员防护	工作服穿戴整齐	2	□
		操作时应戴棉纱手套	2	□
	工具、量具检查	检查台虎钳等是否能正常工作	3	□
		检查工具套装是否齐全、整洁	2	□

续表

<table>
<tr><th>项目</th><th>作业内容</th><th>评价要点</th><th>配分</th><th>评价</th></tr>
<tr><td rowspan="8">操作</td><td rowspan="6">操作要点</td><td>能用弹簧拆装专用工具安装弹簧以固定推杆</td><td>8</td><td>□</td></tr>
<tr><td>能用弹簧拆装专用工具将上回位弹簧安装到位，使领蹄与推杆压紧</td><td>8</td><td>□</td></tr>
<tr><td>能用弹簧拆装专用工具组装制动蹄总成</td><td>8</td><td>□</td></tr>
<tr><td>能正确连接驻车制动器拉索与拉杆</td><td>8</td><td>□</td></tr>
<tr><td>能用弹簧拆装专用工具安装下回位弹簧</td><td>8</td><td>□</td></tr>
<tr><td>能按对角线顺序旋紧车轮螺母</td><td>10</td><td>□</td></tr>
<tr><td rowspan="2">技术规范</td><td>在安装鼓式制动器时，能使用弹簧拆装专用工具，防止弹簧因弹力过大而滑脱或弹出伤人</td><td>5</td><td>□</td></tr>
<tr><td>能踩下至少 10 次制动踏板以使制动复位</td><td>5</td><td>□</td></tr>
<tr><td rowspan="7">职业素养</td><td rowspan="2">安全及合作</td><td>特殊操作应佩戴安全帽、防酸碱手套或绝缘手套、护目镜等防护用品</td><td>5</td><td>□</td></tr>
<tr><td>小组作业时应互相配合、合理分工，不可发生争执</td><td>5</td><td>□</td></tr>
<tr><td rowspan="5">“5S” 管理</td><td>现场无杂物，工具、量具应分类放置，不应有其他安全隐患</td><td>3</td><td>□</td></tr>
<tr><td>废弃物应环保处理，废弃油液不可随意排放，应按要求放入指定容器</td><td>3</td><td>□</td></tr>
<tr><td>操作环境应保持干净、整齐，及时清理灰尘、杂物等</td><td>3</td><td>□</td></tr>
<tr><td>能按照维修手册要求操作，养成良好的作业习惯</td><td>3</td><td>□</td></tr>
<tr><td>操作完成后应对工具进行清点、检查，并做好设备维护和保养工作</td><td>3</td><td>□</td></tr>
<tr><td colspan="3">总评分</td><td colspan="2"></td></tr>
</table>

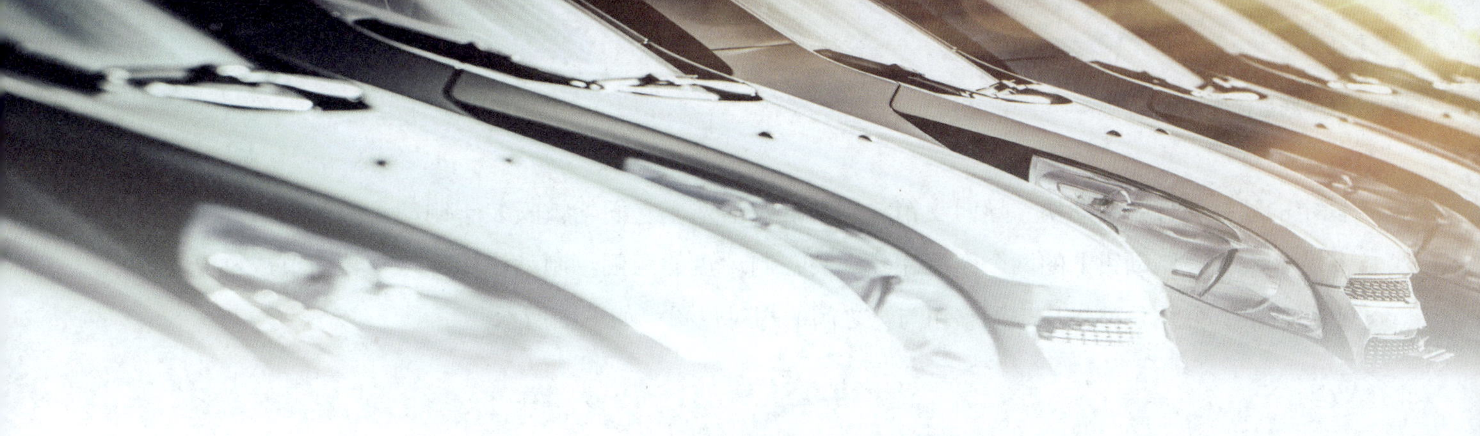

任务二十七

盘式制动器的拆卸

学习目标

1. 能正确写出拆卸盘式制动器所需的设备、工具。
2. 能根据维修手册正确使用工具拆卸盘式制动器。
3. 能正确叙述拆卸盘式制动器的操作步骤及注意事项。

任务描述

一辆丰田卡罗拉 1.6L 轿车进店维修，客户反映汽车制动器漏油。经维修技师检查，建议对盘式制动器进行检修。本任务的主要内容是拆卸盘式制动器。

问题 1：拆卸盘式制动器过程中，如果不用挂钩将制动缸总成可靠挂起，可能会导致什么情况？

____

____

问题 2：由于各前盘式制动器摩擦片支撑板形状均不相同，应该怎样做才能确保将其安装到原位？

____

____

相关知识

盘式制动器的旋转元件是制动盘，它和车轮固装在一起旋转，以其端面为摩擦工作表面，其固定的摩擦元件是制动块、导向支销、制动缸及活塞，它们均被安装于制动盘两侧的钳体上，总称为制动钳。制动钳上的两个摩擦片分别装在制动盘的两侧。制动钳用螺栓与转向节或桥壳上的凸缘固装，并用调整垫片来调整钳与盘之间的相对位置，如下图所示。

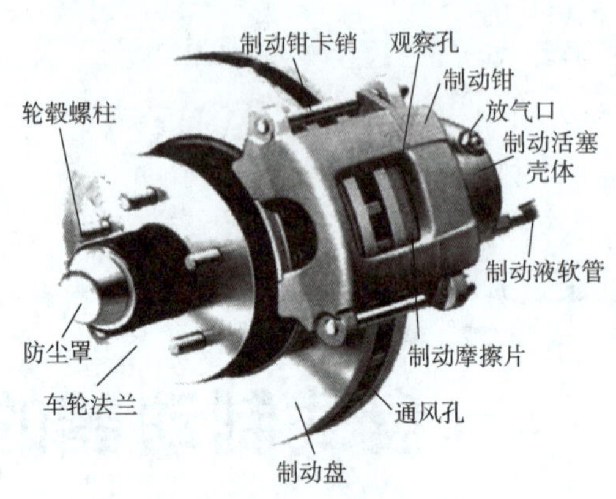

盘式制动器的结构

盘式制动器根据其固定元件的结构形式可分为钳盘式制动器和全盘式制动器。钳盘式制动器按制动钳固定在支架上的结构形式可分为定钳盘式和浮钳盘式。本任务拆装的丰田卡罗拉 1. 6L 轿车即为浮钳盘式制动器。

盘式制动器长期使用后，制动盘、制动块等都会有相应磨损，制动盘磨损不均匀会造成制动时转向盘抖动等现象，降低驾驶安全性，因此当盘式制动器达到使用极限时应及时更换或检修。检测内容包括制动盘厚度检查、制动盘端面圆跳动检查、制动块厚度检查。本任务以丰田卡罗拉 1. 6L 轿车为例，其制动盘标准厚度为 22 mm，使用极限为 19 mm，超过极限尺寸时应予以更换；制动盘端面圆跳动应不大于 0. 05 mm，不符合要求应及时修复或更换；制动块摩擦材料标准厚度为 12 mm，使用极限为 1 mm，小于或接近极限厚度时应予以更换。

任务准备

1. 工具器材

操作前需要准备以下设备、工具及辅助材料（以单工位为例）。

设备、工具及辅助材料

序号	名称	规格	数量
1	丰田卡罗拉轿车	1. 6L	1
2	举升机	双柱式	1
3	工具车	JTC 三层	1
4	记号笔	—	1
5	挂钩	—	4
6	棉纱手套	—	若干

2. 分工及操作

职务	代码	姓名	工作内容
组长	A		
组员	B		
	C		
	D		
	E		

任务实施

下面以丰田卡罗拉 1.6L 车型为例，介绍盘式制动器的拆卸方法。

序号	图示	步骤及技术要点
1		拆下前轮
2		用______固定钳盘式制动器制动缸滑销，用__________拆下 2 个螺栓
3		拆下盘式制动器制动缸总成，用挂钩将______________挂在螺旋弹簧上 注意：如果不用挂钩将制动缸总成可靠挂起，可能导致______________受损

续表

序号	图示	步骤及技术要点
4	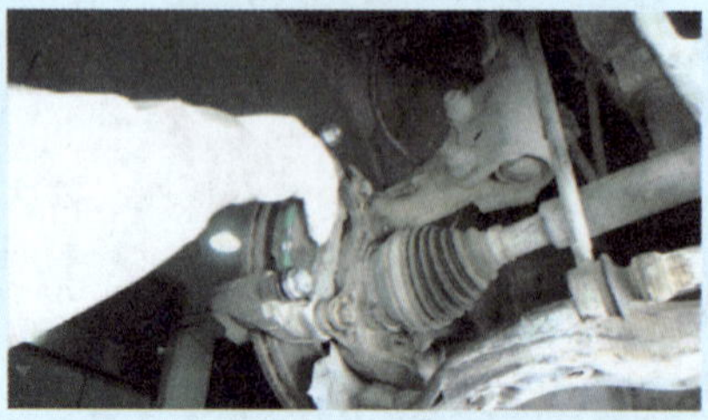	从盘式制动器制动缸固定架上拆下2个盘式制动器摩擦片
5	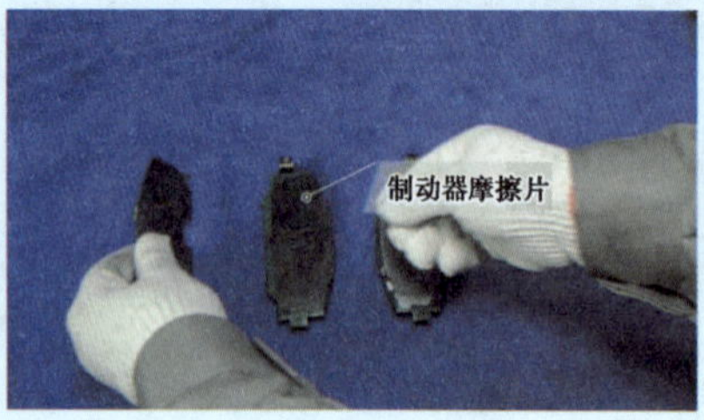  制动器摩擦片 消音垫片	从制动器摩擦片上拆下___个消音垫片
6	  2号 1号 1号 2号	从盘式制动器制动缸固定架上拆下2个1号支撑板和2个2号支撑板 注意：各钳盘式制动器摩擦片支撑板形状均_________。确保在各钳盘式制动器摩擦片支撑板上做好识别标记，以便将其安装到各自原位
7	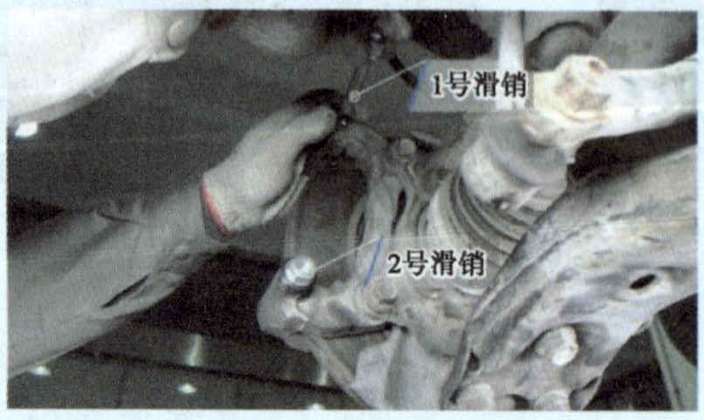 1号滑销 2号滑销	从盘式制动器制动缸固定架上拆下钳盘式制动器制动缸1号和2号滑销

续表

序号	图示	步骤及技术要点
8	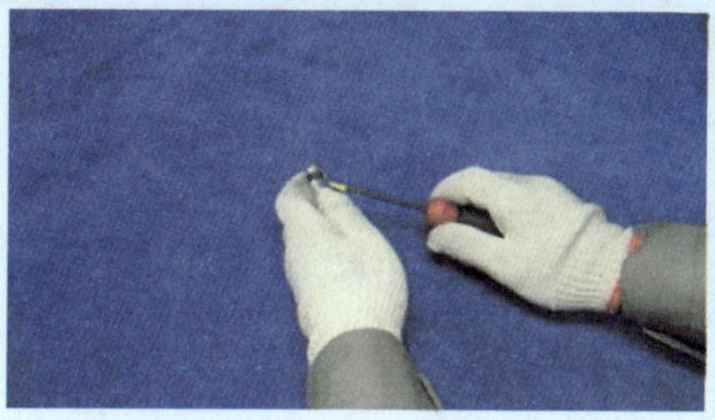	用一字旋具从钳盘式制动器制动缸2号滑销上拆下滑套 注意：在一字旋具头部缠上________，防止损坏2号滑销
9	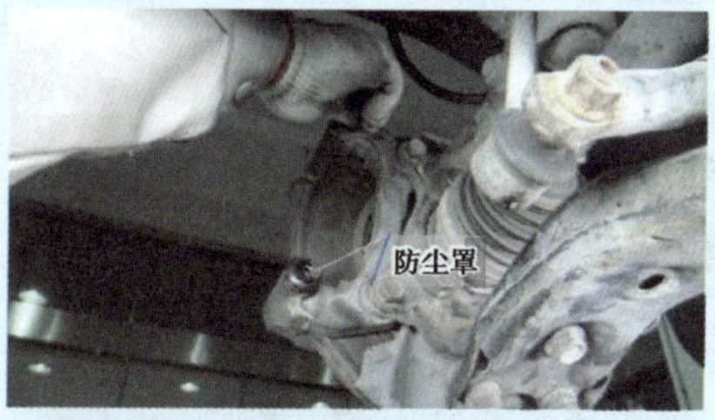 防尘罩	从盘式制动器制动缸固定架上拆下2个制动缸衬套防尘罩
10	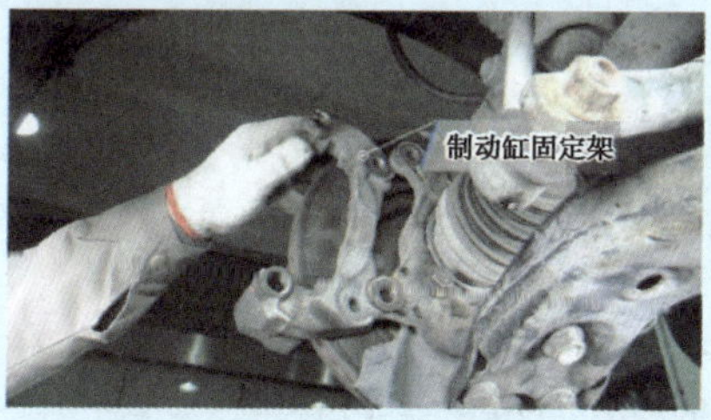 制动缸固定架	从转向节上拆下2个螺栓和钳盘式制动器制动缸固定架
11	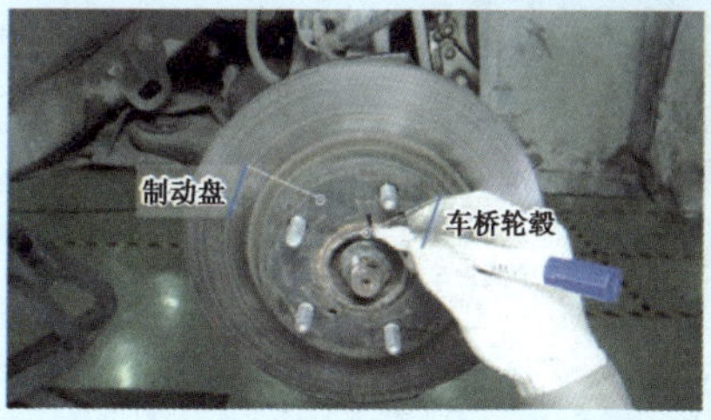  制动盘 车桥轮毂	在________和__________上做好装配标记，拆下制动盘
12		整理工具，并按照“5S”要求恢复场地

任务评价

项目	作业内容	评价要点	配分	评价
准备工作	场地准备	工位应干净、整洁，地面无油污	1	□
		车辆停靠在举升机合适位置	1	□
	车辆防护	铺设翼子板及前格栅布	2	□
		铺设车内四件套	2	□
	人员防护	工作服穿戴整齐	2	□
		操作时应戴棉纱手套	2	□
	工具、量具检查	检查举升机是否能正常工作	2	□
		检查工具套装是否齐全、整洁	3	□
操作	操作要点	能按对角线顺序拆下前轮螺母	8	□
		能用呆扳手固定钳盘式制动器制动缸滑销，用梅花扳手拆下2个螺栓	12	□
		能正确拆卸盘式制动器摩擦片和消音垫片	9	□
		能从转向节上拆下盘式制动器制动缸固定架	8	□
		能在制动盘和车桥轮毂上做好装配标记，并拆下制动盘	8	□
	技术规范	能知道若不用挂钩将制动缸总成可靠挂起，可能会导致制动油管受损	5	□
		能知道在各钳盘式制动器摩擦片支撑板上做好标识，以便复位	5	□
		能知道在一字旋具头部缠上胶带，防止损坏2号滑销	5	□
职业素养	安全及合作	特殊操作应佩戴安全帽、防酸碱手套或绝缘手套、护目镜等防护用品	5	□
		小组作业时应互相配合、合理分工，不可发生争执	5	□
	"5S"管理	现场无杂物，工具、量具应分类放置，不应有其他安全隐患	3	□
		废弃物应环保处理，废弃油液不可随意排放，应按要求放入指定容器	3	□
		操作环境应保持干净、整齐，及时清理灰尘、杂物等	3	□
		能按照维修手册要求操作，养成良好的作业习惯	3	□
		操作完成后应对工具进行清点、检查，并做好设备维护和保养工作	3	□
总评分				

任务二十八 盘式制动器的检修

学习目标

1. 能正确写出检修盘式制动器所需的设备、工具和量具。

2. 能根据维修手册正确使用工具、量具，检测制动器摩擦片、制动器摩擦片支撑板、前桥轮毂分总成等零部件。

3. 能正确叙述检修盘式制动器的操作步骤及注意事项。

任务描述

一辆丰田卡罗拉 1.6L 轿车进店维修，客户反映汽车在制动时，会出现制动距离变长的情况。经维修技师检查，建议对盘式制动器进行检修。上一任务已经拆卸盘式制动器，本任务的主要内容是检修拆卸下的盘式制动器。

问题 1：如何检查制动器摩擦片的厚度？

____

____

问题 2：如何检查制动盘端面圆跳动？

____

____

任务准备

1. 工具器材

操作前需要准备以下设备、工具及辅助材料（以单工位为例）。

设备、工具及辅助材料

序号	名称	规格	数量
1	丰田卡罗拉轿车	1.6L	1
2	举升机	双柱式	1
3	游标卡尺	0 ~ 300 mm	1
4	工具车	JTC 三层	1
5	百分表及磁性表座	0 ~ 25 mm	1
6	棉纱手套	—	若干
7	可调式扭力扳手	10 ~ 150 N · m	1
8	钢直尺	0 ~ 250 mm	1
9	外径千分尺	0 ~ 25 mm	1

2. 分工及操作

职务	代码	姓名	工作内容
组长	A		
组员	B		
	C		
	D		

任务实施

下面以丰田拉罗拉 1.6L 车型为例，介绍盘式制动器的检修方法。

序号	图示	步骤及技术要点
1	制动器摩擦片 摩擦片的厚度不小于1 mm	清洁制动器摩擦片，用游标卡尺或钢直尺测量制动器摩擦片厚度。丰田卡罗拉轿车制动器摩擦片的厚度应不小于___ mm 注意：使用游标卡尺前，应______游标卡尺测量爪和深度尺，并对其______

续表

序号	图示	步骤及技术要点
2	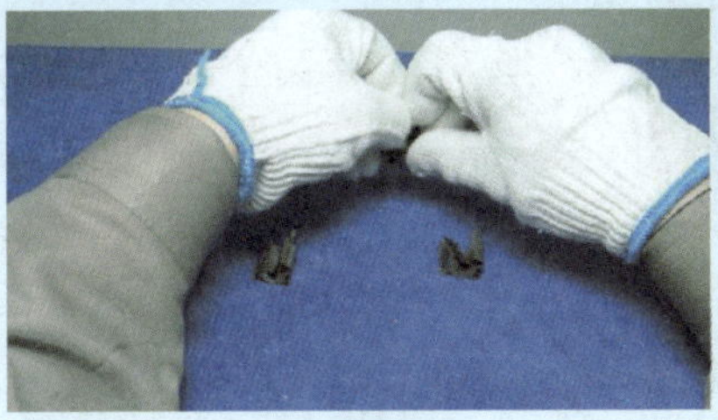	清除制动器摩擦片上的______和______，确保盘式制动器摩擦片支撑板有足够的______，且无______、______或______
3	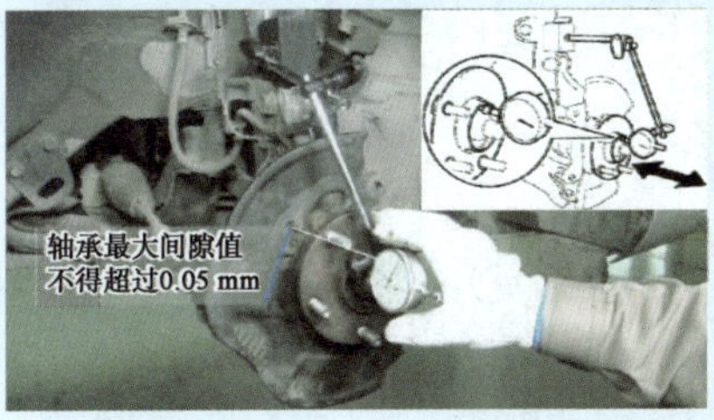	清洁前桥轮毂，用百分表检查前桥轮毂分总成中心附近是否松动，轴承最大间隙值不得超过____ mm 注意：确保百分表表杆______于测量表面
4	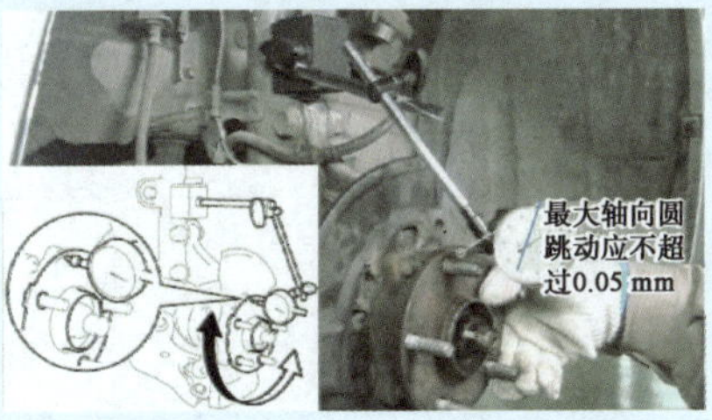	用百分表检查___________________的前桥轮毂表面的最大轴向圆跳动应不超过____ mm
5	 	清洁制动盘，用千分尺测量制动盘厚度，丰田卡罗拉轿车前制动盘的厚度不小于___ mm 注意：（1）使用千分尺前，应______千分尺测砧，并对其校准 （2）沿制动盘圆周各错开______测量___次厚度，测量点距离制动盘边缘_________ mm
6		用手拧上 3 个螺母，用两用扳手固定制动盘，用可调式扭力扳手对角拧紧 2 个螺母，以便紧固制动盘，扭矩为____ N · m

续表

序号	图示	步骤及技术要点
7		用百分表在距离前制动盘外缘10 mm的位置测量制动盘的最大轴向圆跳动应不超过____ mm，否则应调整安装位置或研磨制动盘
8		整理工具，并按照“5S”要求恢复场地

任务评价

项目	作业内容	评价要点	配分	评价
准备工作	场地准备	工位应干净、整洁，地面无油污	1	□
		车辆停靠在举升机合适位置	1	□
	车辆防护	铺设翼子板及前格栅布	2	□
		铺设车内四件套	2	□
	人员防护	工作服穿戴整齐	2	□
		操作时应戴棉纱手套	2	□
	工具、量具检查	检查举升机、游标卡尺等是否能正常工作	3	□
		检查工具套装是否齐全、整洁	2	□
操作	操作要点	能用游标卡尺或钢直尺检测制动器摩擦片厚度	5	□
		能确保制动器摩擦片支撑板有足够的弹性，且无变形、裂纹或磨损	7	□
		能用百分表检测前桥轮毂轴承间隙	7	□
		能用百分表检测前桥轮毂螺栓外的前桥轮毂表面的轴向圆跳动	7	□
		能用外径千分尺检测制动盘厚度	7	□
		能用百分表检测制动盘轴向圆跳动	7	□

续表

项目	作业内容	评价要点	配分	评价
操作	技术规范	在使用游标卡尺前，能知道应清洁游标卡尺测量爪和深度尺，并对其校准	5	□
		测量轮毂轴承间隙时，要确保百分表表杆垂直于测量表面	5	□
		在使用千分尺前，能知道应先清洁千分尺测砧，并对其进行校准	5	□
		测量制动盘厚度时，能知道沿制动盘圆周各错开 90° 测量 4 次，且测量点距离制动盘边缘 10 ~ 15 mm	5	□
职业素养	安全及合作	特殊操作应佩戴安全帽、防酸碱手套或绝缘手套、护目镜等防护用品	5	□
		小组作业时应互相配合、合理分工，不可发生争执	5	
	"5S" 管理	现场无杂物，工具、量具应分类放置，不应有其他安全隐患	3	□
		废弃物应环保处理，废弃油液不可随意排放，应按要求放入指定容器	3	□
		操作环境应保持干净、整齐，及时清理灰尘、杂物等	3	□
		能按照维修手册要求操作，养成良好的作业习惯	3	□
		操作完成后应对工具进行清点、检查，并做好设备维护和保养工作	3	□
总评分				

任务二十九

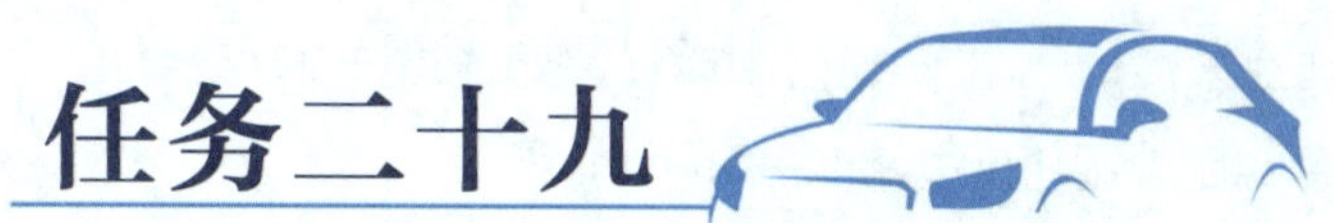

盘式制动器的装配

学习目标

1. 能正确写出装配盘式制动器所需的设备和工具。
2. 能根据维修手册正确使用工具装配盘式制动器。
3. 能正确叙述装配盘式制动器的操作步骤及注意事项。

任务描述

如果盘式制动器的摩擦片磨损不均匀，会导致汽车制动不平顺；若摩擦片装配不到位，则会导致制动失效，严重影响汽车的驾驶安全。本任务的主要内容是盘式制动器的规范安装。

问题1：换新制动盘时，应选择制动盘的哪个位置安装？

____

____

问题2：更换已磨损的摩擦片时，必须要做什么？

____

____

任务准备

1. 工具器材

操作前需要准备以下设备、工具及辅助材料（以单工位为例）。

设备、工具及辅助材料

序号	名称	规格	数量
1	丰田卡罗拉轿车	1.6L	1
2	举升机	双柱式	1
3	工具车	JTC 三层	1
4	可调式扭力扳手	10 ~ 150 N · m	1
5	棉纱手套	—	若干
6	润滑脂	—	若干

2. 分工及操作

职务	代码	姓名	工作内容
组长	A		
组员	B		
	C		
	D		
	E		

任务实施

下面以丰田卡罗拉 1.6L 车型为例，介绍盘式制动器的装配方法。

序号	图示	步骤及技术要点
1		将________和__________的装配标记对齐，安装制动盘 注意：换上新制动盘时，应选择制动盘轴向圆跳动______的位置安装
2		用 2 个螺栓将盘式制动器制动缸固定架安装到转向节上，可调式扭力扳手扭矩为____N · m

续表

序号	图示	步骤及技术要点
3	  制动缸固定架	在2个新的盘式制动器衬套防尘罩上涂抹________，将2个盘式制动器衬套防尘罩安装到制动缸固定架上
4		在新的盘式制动器制动缸滑套上涂抹润滑脂，将制动缸滑套安装到制动缸2号滑销上
5	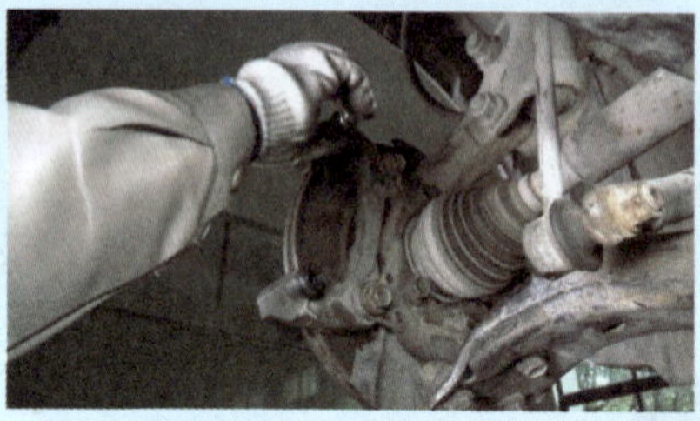	在盘式制动器制动缸滑销上涂抹润滑脂，将其安装到制动缸固定架上
6	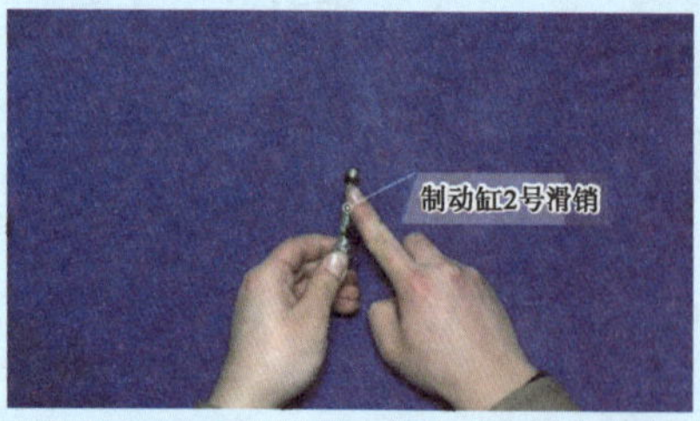 制动缸2号滑销	在盘式制动器制动缸2号滑销上涂抹润滑脂
7	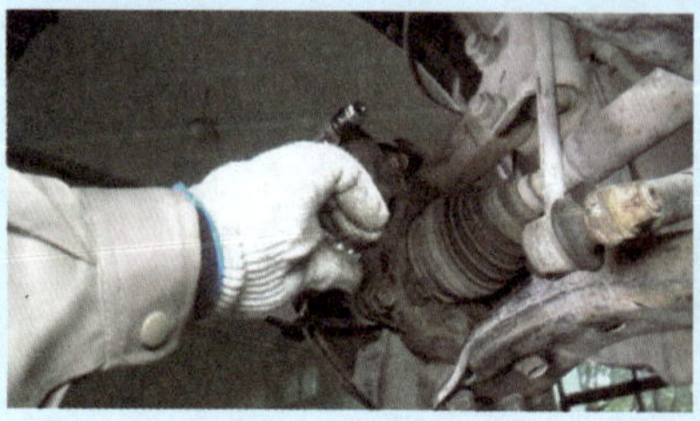	将制动缸2号滑销安装到钳盘制动缸固定架上

续表

序号	图示	步骤及技术要点
8	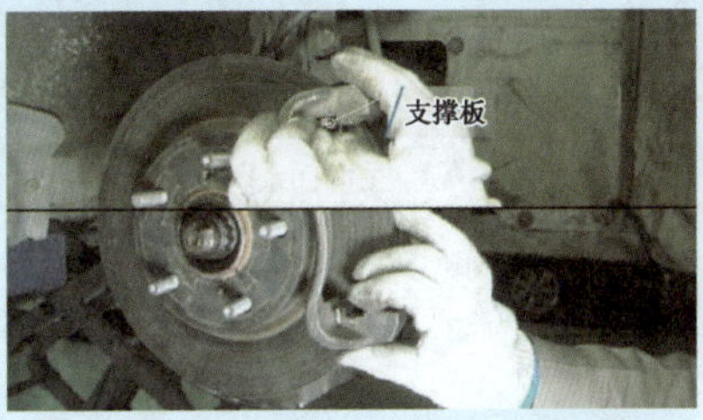 支撑板	将2个盘式制动器摩擦片的1号和2号支撑板安装到制动缸固定架上
9	 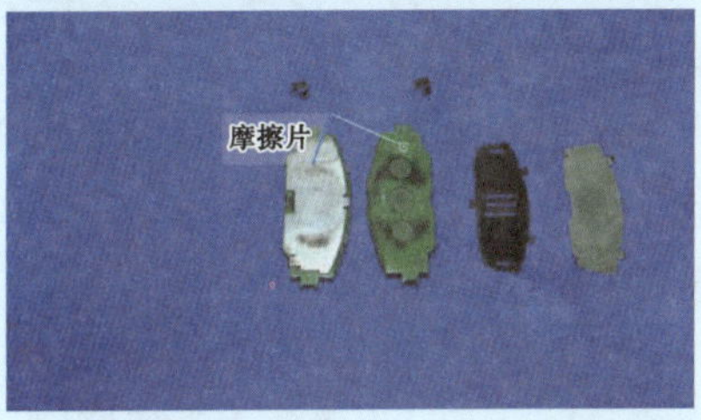 摩擦片	在盘式制动器1号__________的两侧涂抹润滑脂，将2个1号和2个2号消音垫片安装到各制动器摩擦片上 注意：（1）更换磨损的摩擦片时必须更换__________ （2）润滑脂可能会从消音垫片的安装部位稍稍溢出 （3）确保盘式制动器润滑脂没有涂到__________上
10		将2个盘式制动器摩擦片安装到制动缸固定架上 注意：盘式制动器________或________的摩擦面上应无______或______
11	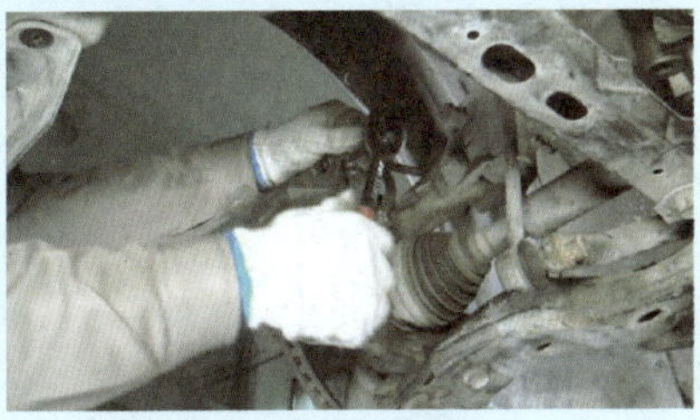	固定钳盘式制动器制动缸滑销，用2个螺栓将盘式制动器制动缸总成安装到制动缸固定架上，可调式扭力扳手扭矩为___N·m
12	 扭矩为103 N·m	用可调式扭力扳手安装前轮，轮胎螺母扭矩为____N·m

续表

序号	图示	步骤及技术要点
13	制动踏板	盘式制动器安装完毕，将制动踏板踩到底数次，使制动器摩擦片安装到位
14		整理工具，并按照“5S”要求恢复场地

任务评价

项目	作业内容	评价要点	配分	评价
准备工作	场地准备	工位应干净、整洁，地面无油污	1	□
		车辆停靠在举升机合适位置	1	□
	车辆防护	铺设翼子板及前格栅布	2	□
		铺设车内四件套	2	□
	人员防护	工作服穿戴整齐	2	□
		操作时应戴棉纱手套	2	□
	工具、量具检查	检查举升机是否能正常工作	3	□
		检查装配工具套装是否齐全、整洁	2	□
操作	操作要点	能对齐制动盘和车桥轮毂的装配标记	9	□
		能用螺栓将盘式制动器制动缸固定架安装到转向节上	9	□
		能将 2 个盘式制动器摩擦片的支撑板安装到制动缸固定架上	9	□
		能按对角线顺序安装车轮螺母	8	□

续表

项目	作业内容	评价要点	配分	评价
操作	技术规范	换新制动盘时，能知道应选择制动盘轴向圆跳动最小的位置安装	5	□
		能知道更换磨损的摩擦片时，必须更换消音垫片	5	□
		能知道润滑脂可能从消音垫片的安装部位稍稍溢出	5	□
		能知道盘式制动器润滑脂不能涂到摩擦片表面	5	□
		能知道盘式制动器摩擦片或制动盘的摩擦面上应无油污或润滑脂	5	□
职业素养	安全及合作	特殊操作应佩戴安全帽、防酸碱手套或绝缘手套、护目镜等防护用品	5	□
		小组作业时应互相配合、合理分工，不可发生争执	5	□
	“5S”管理	现场无杂物，工具、量具应分类放置，不应有其他安全隐患	3	□
		废弃物应环保处理，废弃油液不可随意排放，应按要求放入指定容器	3	□
		操作环境应保持干净、整齐，及时清理灰尘、杂物等	3	□
		能按照维修手册要求操作，养成良好的作业习惯	3	□
		操作完成后应对工具进行清点、检查，并做好设备维护和保养工作	3	□
总评分				

任务三十

驻车制动装置的拆卸

学习目标

1. 能正确写出拆卸驻车制动装置所需的设备、 工具。
2. 能根据维修手册正确使用工具拆卸驻车制动装置。
3. 能正确叙述拆卸驻车制动装置的操作步骤及注意事项。

任务描述

一辆丰田卡罗拉 1. 6L 轿车进店维修，客户反映汽车驻车制动器失灵。经维修技师检查，建议维修驻车制动装置。本任务的主要内容是拆卸驻车制动装置。

问题：拆卸驻车制动装置过程中有哪些注意事项？

____

____

相关知识

驻车制动器的功用是车辆停驶后防止滑溜；坡道上顺利起步；行车制动效能失效后临时使用或配合行车制动器进行紧急制动。

驻车制动器按其安装位置可分为中央制动式和车轮制动式两种。本任务以丰田卡罗拉 1. 6L 车型为例，其驻车制动器为车轮制动式，与车轮制动器共用一个制动器总成，但传动机构相互独立。驻车制动器按其结构形式可分为鼓式、盘式、带式和弹簧作用式。本任务涉及盘式驻车制动器的操纵和传动机构部分的拆卸。驻车制动操纵机构为机械式，驻车制动时，把手柄向上拉起，通过拉杆将制动拉索拉紧，从而使盘式制动器活塞推动制动盘开始制动；解除驻车制动时，松开驻车制动手柄，在拉簧的作用下，将制动器活塞退回，恢复原位。

任务准备

1. 工具器材

操作前需要准备以下设备、工具及辅助材料（以单工位为例）。

设备、工具及辅助材料

序号	名称	规格	数量
1	丰田卡罗拉轿车	1. 6L	1
2	工具车	JTC 三层	1
3	内饰板拆装专用工具套装	—	1
4	棉纱手套	—	若干

2. 分工及操作

职务	代码	姓名	工作内容
组长	A		
组员	B		
	C		
	D		

任务实施

下面以丰田卡罗拉 1. 6L 车型为例，介绍驻车制动装置的拆卸方法。

序号	图示	步骤及技术要点
1		松开仪表板左下装饰板的卡夹和卡子，拆下仪表板左下装饰板

续表

序号	图示	步骤及技术要点
2		用同样的方法拆下仪表板右下装饰板
3		将换挡杆拨至 L 位，以免影响拆卸中央仪表组装饰板总成
4	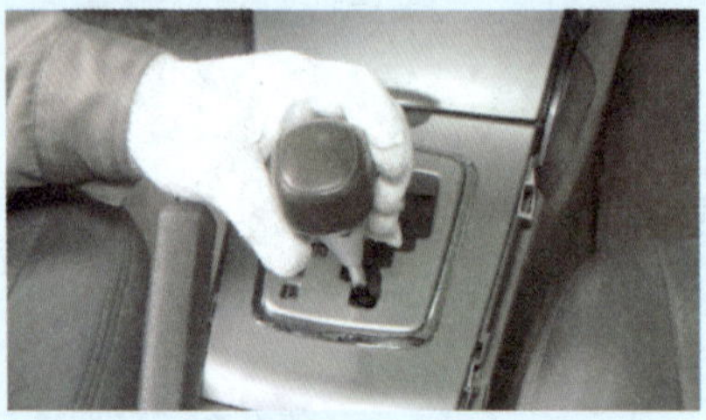	拆下_______________分总成，转动换挡杆手柄
5	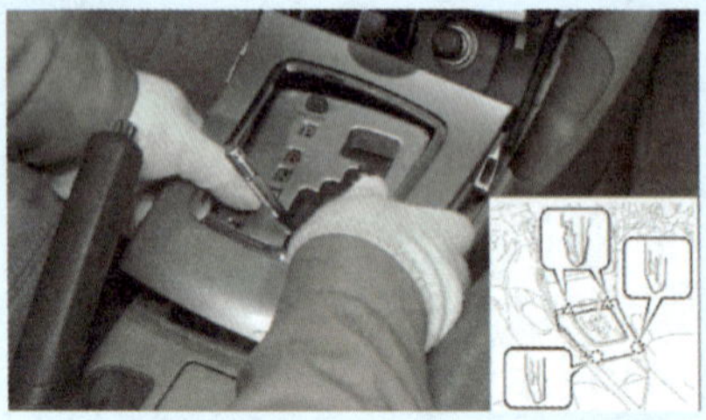	松开中央仪表组装饰板总成的卡夹和卡子，拆下中央仪表组装饰板总成
6		拆下仪表盒总成的 2 个螺钉
7		松开仪表盒总成卡夹，断开点烟器连接器，拆下仪表盒总成

续表

序号	图示	步骤及技术要点
8	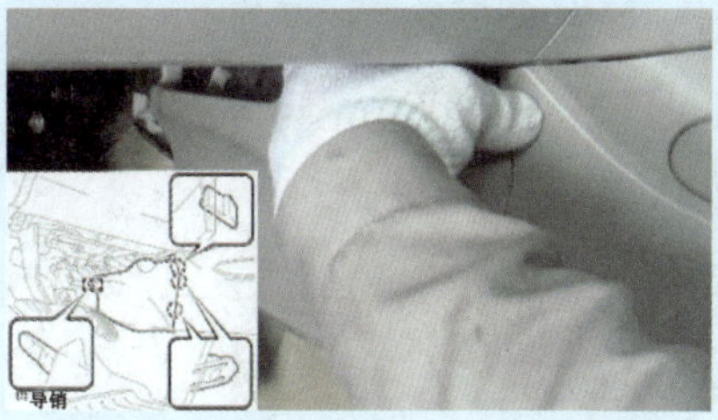	松开地板控制台嵌入件的______和______，拆下左前地板控制台嵌入件
9	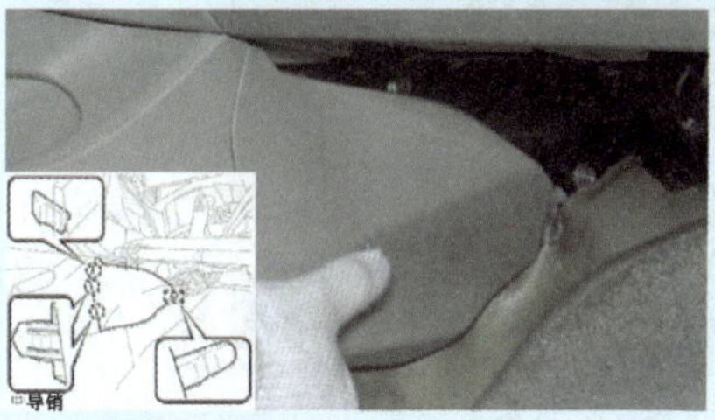	用同样的方法拆下右前地板控制台嵌入件
10	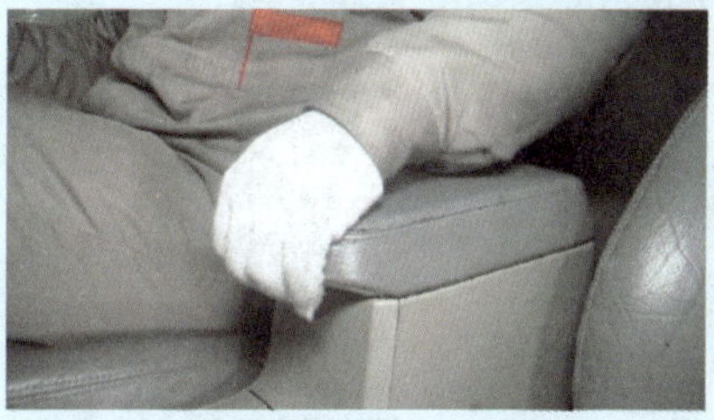	向上拉起托盘以打开控制台箱
11	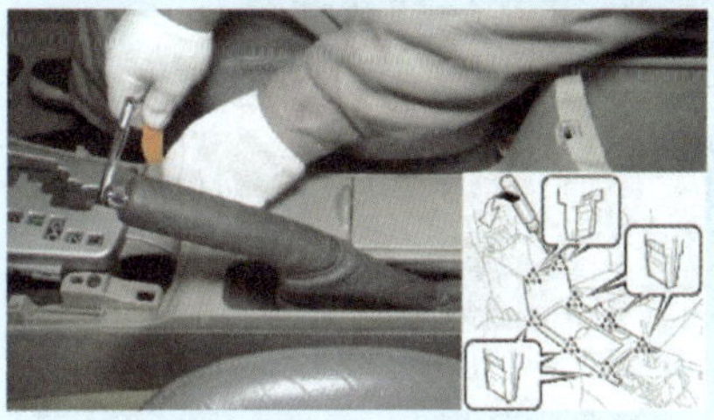	用内饰板拆装专用工具松开地板控制台上面板总成的卡子，拆下地板控制台上面板总成
12	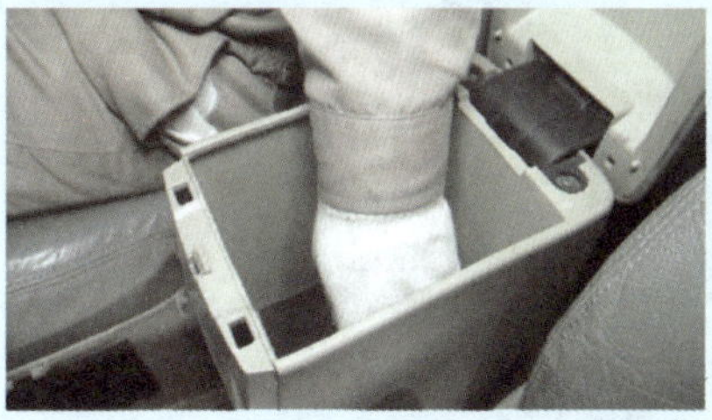	拆卸地板控制台毡垫
13	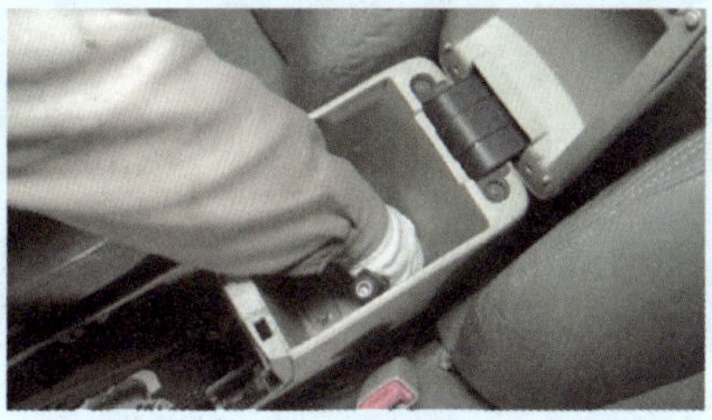	拆下地板控制台总成的___个螺栓和___个螺钉

续表

序号	图示	步骤及技术要点
14	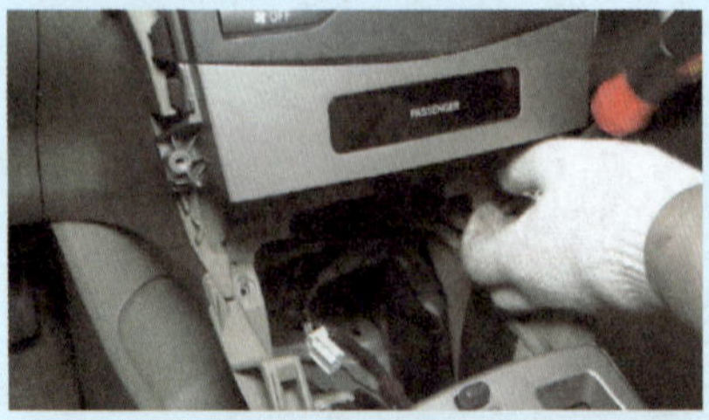	拆下地板控制台总成的 2 个螺钉
15		取下地板控制台总成
16	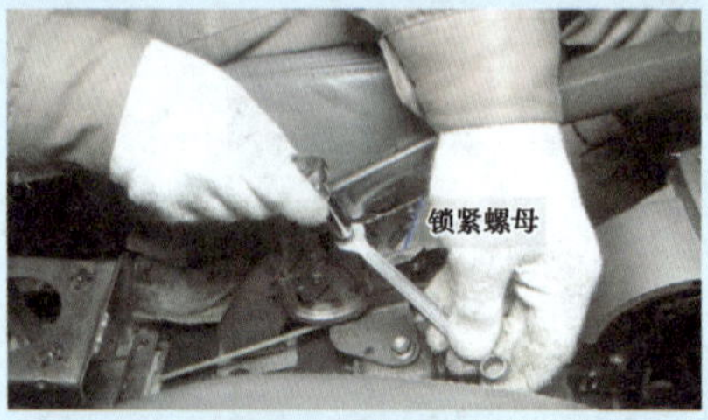 锁紧螺母	拆下_____________和调整螺母
17	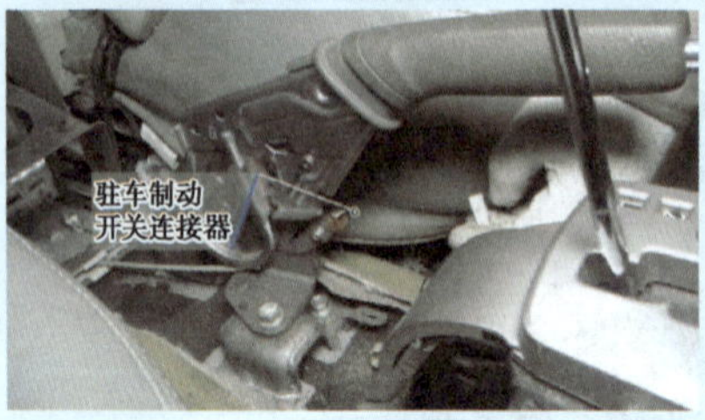 驻车制动开关连接器	断开驻车制动开关连接器
18	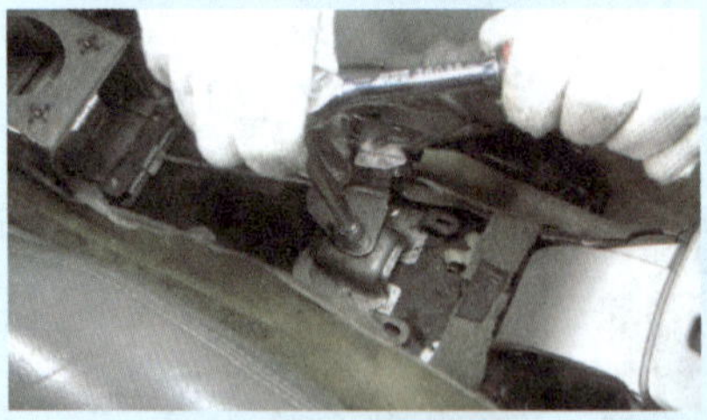	拆下驻车制动杠杆总成的 2 个螺栓
19	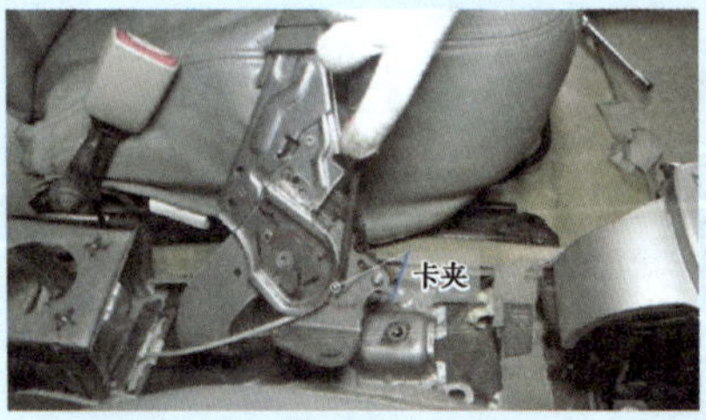 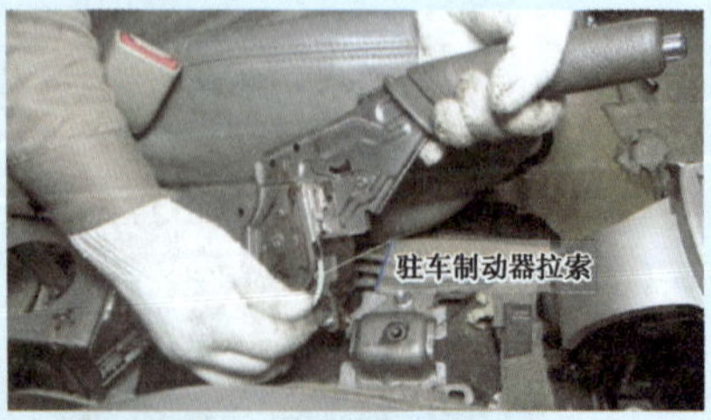 卡夹 驻车制动器拉索	用一字旋具撬起卡夹，从驻车制动杠杆总成上拆下驻车制动器拉索，取下驻车制动杠杆总成

续表

序号	图示	步骤及技术要点
20		整理工具，并按照“5S”要求恢复场地

任务评价

项目	作业内容	评价要点	配分	评价
准备工作	场地准备	工位应干净、整洁，地面无油污	1	□
		车辆停靠在合适位置	1	□
	车辆防护	铺设翼子板及前格栅布	2	□
		铺设车内四件套	2	□
	人员防护	工作服穿戴整齐	2	□
		操作时应戴棉纱手套	2	□
	工具、量具检查	检查内饰板拆装专用工具是否能正常工作	3	□
		检查拆卸工具套装是否齐全、整洁	2	□
操作	操作要点	能拆卸换挡杆手柄和仪表盒	15	□
		能拆卸地板控制台嵌入件及附件，并取下控制台总成	15	□
		能用一字旋具撬起卡夹，从驻车制动杠杆总成上拆下驻车制动器拉索，取下驻车制动杠杆总成	10	□
	技术规范	拆卸中央仪表组装饰板总成时，应将换挡杆拨至L位	10	□
		应小心断开并拆卸点烟器连接器	10	□

续表

项目	作业内容	评价要点	配分	评价
职业素养	安全及合作	特殊操作应佩戴安全帽、防酸碱手套或绝缘手套、护目镜等防护用品	5	□
		小组作业时应互相配合、合理分工，不可发生争执	5	□
	“5S”管理	现场无杂物，工具、量具应分类放置，不应有其他安全隐患	3	□
		废弃物应环保处理，废弃油液不可随意排放，应按要求放入指定容器	3	□
		操作环境应保持干净、整齐，及时清理灰尘、杂物等	3	□
		能按照维修手册要求操作，养成良好的作业习惯	3	□
		操作完成后应对工具进行清点、检查，并做好设备维护和保养工作	3	□
总评分				

任务三十一 驻车制动装置的安装

学习目标

1. 能正确写出安装驻车制动装置所需的设备、工具。
2. 能根据维修手册正确使用工具安装驻车制动装置。
3. 能正确叙述安装驻车制动装置的操作步骤及注意事项。

任务描述

若制动器拉索安装和调整不正确，会导致汽车停车后无法驻车制动，从而引发安全事故。上一任务已将驻车制动装置拆下并检修完毕，本任务的主要内容是将驻车制动装置安装至车辆上。

问题：驻车制动装置安装过程中有哪些注意事项？

____

____

任务准备

1. 工具器材

操作前需要准备以下设备、工具及辅助材料（以单工位为例）。

设备、工具及辅助材料

序号	名称	规格	数量
1	丰田卡罗拉轿车	1. 6L	1
2	工具车	JTC 三层	1
3	可调式扭力扳手	5 ~ 25 N · m	1
4	弹簧秤	LB-501	1
5	棉纱手套	—	若干

2. 分工及操作

职务	代码	姓名	工作内容
组长	A		
组员	B		
	C		
	D		
	E		

 任务实施

下面以丰田卡罗拉 1. 6L 车型为例，介绍驻车制动装置的安装方法。

序号	图示	步骤及技术要点
1		将驻车制动器拉索穿过驻车制动杠杆总成
2		用________夹住驻车制动杠杆卡夹，弯曲卡夹，使其卡住______

续表

序号	图示	步骤及技术要点
3	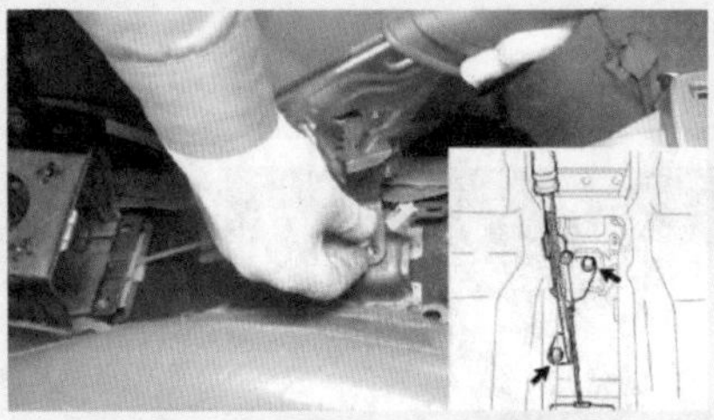	用2个螺栓将驻车制动杠杆总成装配到车身上，可调式扭力扳手扭矩为____N·m
4	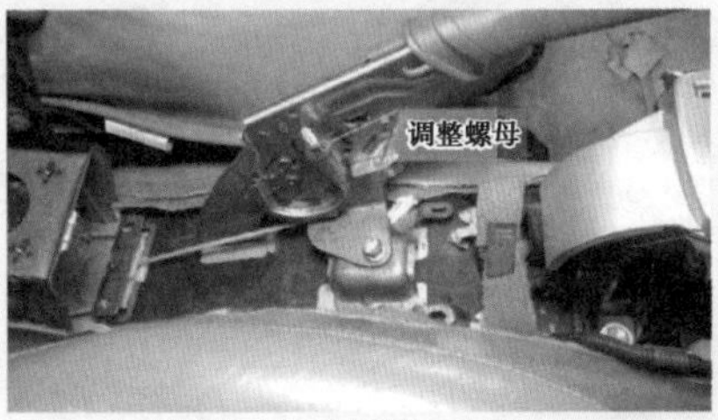 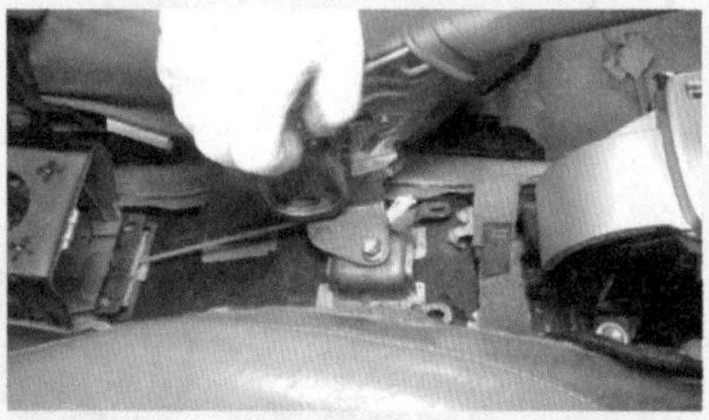	用手将调整螺母和锁紧螺母暂时安装到拉索上
5		连接驻车制动开关连接器
6	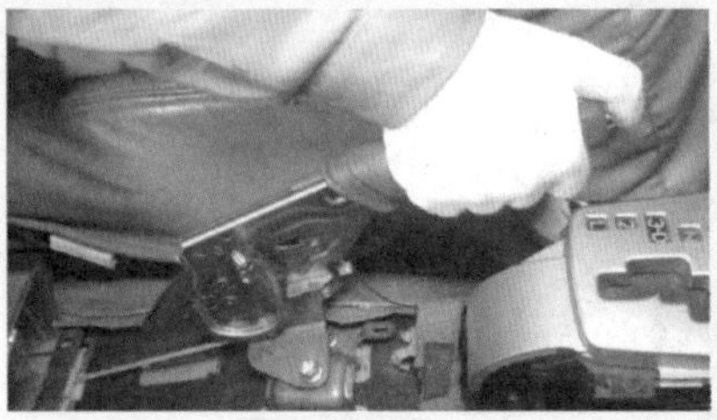	检查驻车制动杠杆是否完全______
7	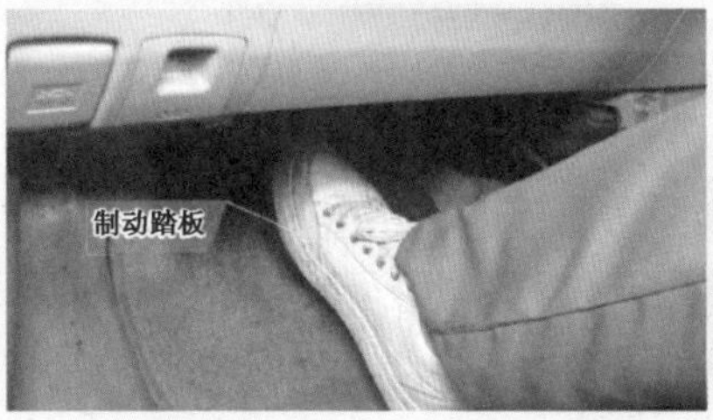	在发动机停止运转时，用脚完全踩下制动踏板______次

续表

序号	图示	步骤及技术要点
8		用弹簧秤施加____N的力缓慢拉动驻车制动杠杆，此时，能够听到______声“咔哒”的声音，否则应转动___________________，将驻车制动杠杆行程调整至规定范围
9	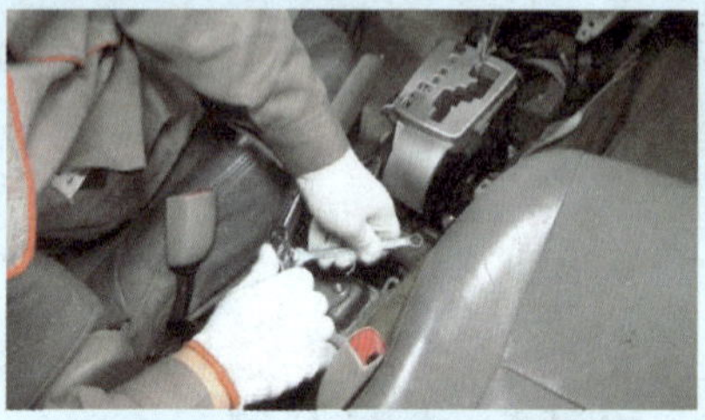	调整完毕，用套筒工具和扳手拧紧驻车制动杠杆锁紧螺母，扭矩为6 N · m
10		再次拉起驻车制动杠杆______次，检查驻车制动杠杆行程是否符合规定的______次“咔哒”声
11	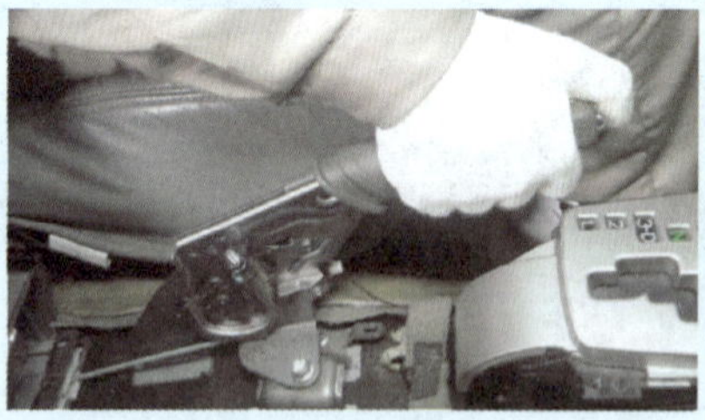	完全松开驻车制动杠杆，用手应能轻松转动______
12	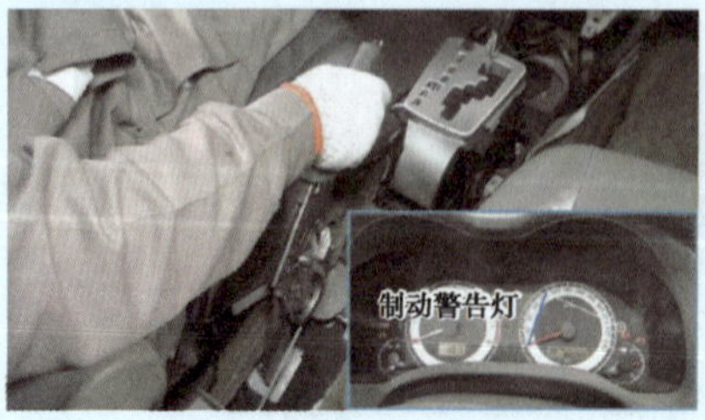	拉动驻车制动杠杆，第一声“咔哒”声响起，制动警告灯应亮起

续表

序号	图示	步骤及技术要点
13	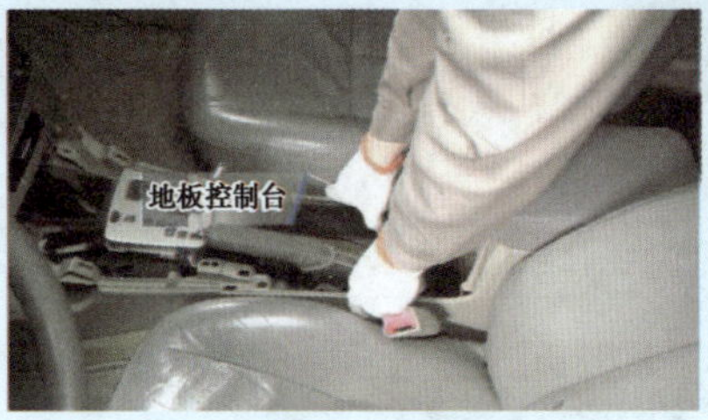 	用2个螺钉将地板控制台总成安装到汽车上 注意：用螺钉或螺栓安装________时，无规定力矩要求，拧紧即可
14	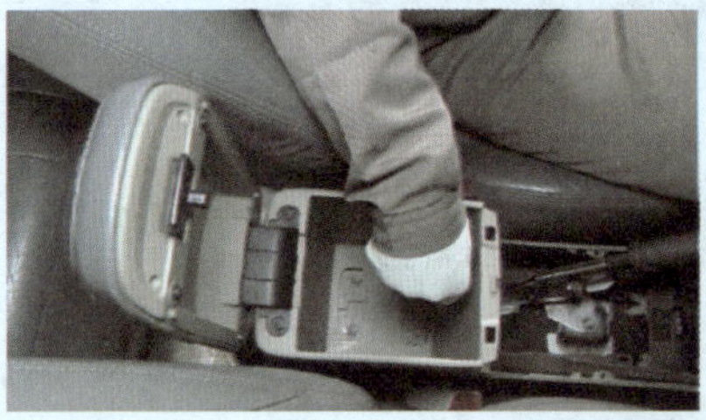 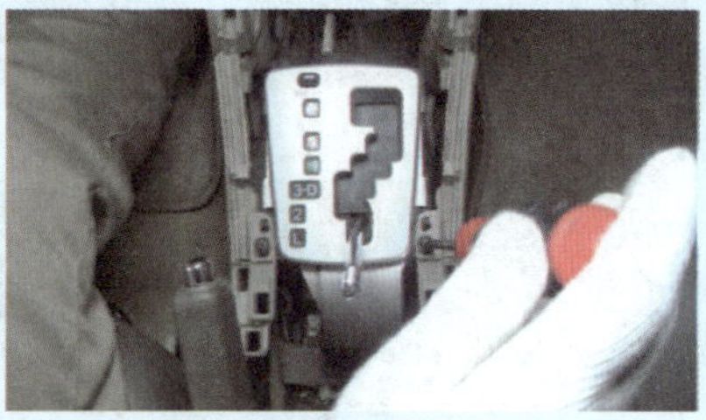	再用4个螺栓和2个螺钉安装地板控制台总成
15	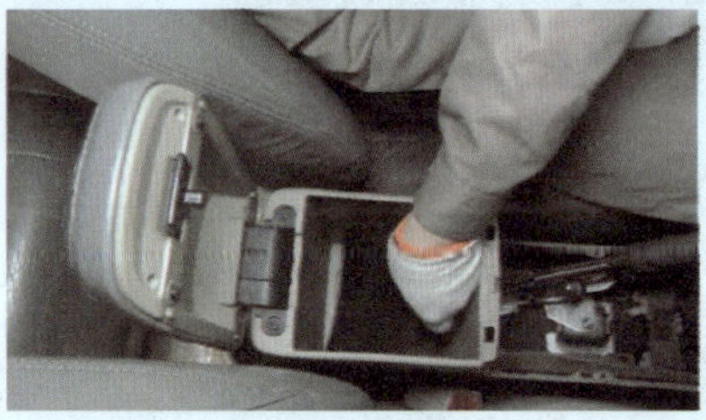	安装地板控制台毡垫
16	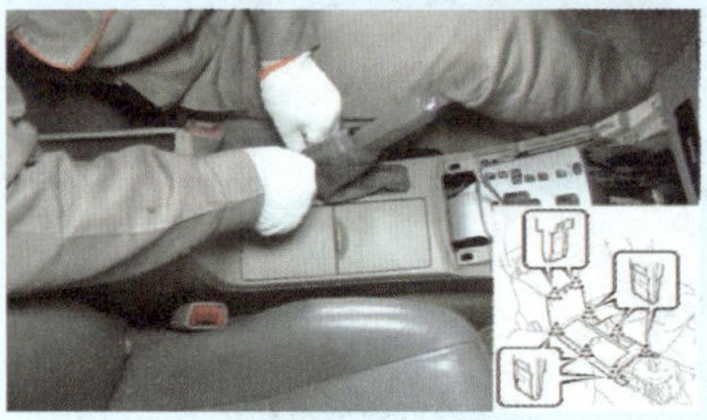	接合地板控制台上面板上的8个卡子并安装地板控制台上面板分总成
17	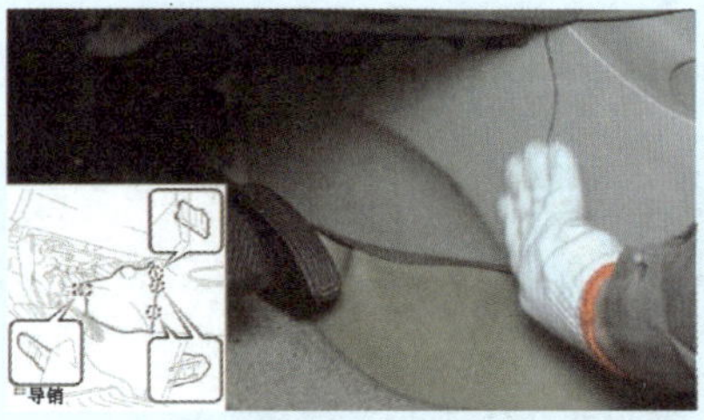	接合前1号地板控制台嵌入件上的导销和3个卡夹，安装前1号地板控制台嵌入件

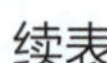

续表

序号	图示	步骤及技术要点
18		用同样的方法安装前2号地板控制台嵌入件
19		连接__________，接合仪表盒总成的2个卡夹，用2个螺钉安装仪表盒总成
20		接合中央仪表组装饰板总成的2个卡夹和卡子，安装中央仪表组装饰板总成
21		顺时针转动换挡杆手柄，安装换挡杆手柄分总成
22		接合仪表板左下装饰板的3个卡夹和卡子，安装仪表板左下装饰板
23		用同样的方法安装仪表板右下装饰板

续表

序号	图示	步骤及技术要点
24		整理工具，并按照“5S”要求恢复场地

任务评价

项目	作业内容	评价要点	配分	评价
准备工作	场地准备	工位应干净、整洁，地面无油污	1	□
		车辆停靠在合适位置	1	□
	车辆防护	铺设翼子板及前格栅布	2	□
		铺设车内四件套	2	□
	人员防护	工作服穿戴整齐	2	□
		操作时应戴棉纱手套	2	□
	工具、量具检查	检查弹簧秤是否能正常工作	3	□
		检查工具车中工具是否齐全、整洁	2	□
操作	操作要点	能将制动器拉索安装至驻车制动杠杆总成上，并将驻车制动杠杆总成安装到车身上	10	□
		能转动调整螺母将驻车制动杠杆行程调整至规定范围	10	□
		能安装地板控制台总成、嵌入件及附件	10	□
		能安装仪表盒总成和换挡杆手柄	10	□
	技术规范	能知道在发动机停止运转时，用脚完全踩下制动踏板3～5次	10	□
		能知道用螺钉或螺栓安装塑料件时，力矩大小无规定，拧紧即可	10	□

续表

项目	作业内容	评价要点	配分	评价
职业素养	安全及合作	特殊操作应佩戴安全帽、防酸碱手套或绝缘手套、护目镜等防护用品	5	□
		小组作业时应互相配合、合理分工，不可发生争执	5	□
	"5S"管理	现场无杂物，工具、量具应分类放置，不应有其他安全隐患	3	□
		废弃物应环保处理，废弃油液不可随意排放，应按要求放入指定容器	3	□
		操作环境应保持干净、整齐，及时清理灰尘、杂物等	3	□
		能按照维修手册要求操作，养成良好的作业习惯	3	□
		操作完成后应对工具进行清点、检查，并做好设备维护和保养工作	3	□
总评分				